中国特色社会主义文化竞争力的产权基础研究

ZHONGGUO TESE SHEHUIZHUYI WENHUA JINGZHENGLI DE CHANQUAN JICHU YANJIU

孙国峰 著

浙江工商大学出版社 ZHEJIANG GONGSHANG UNIVERSITY PRESS | 杭州

图书在版编目（CIP）数据

中国特色社会主义文化竞争力的产权基础研究 / 孙
国峰著. — 杭州：浙江工商大学出版社，2022.11
ISBN 978-7-5178-4779-3

Ⅰ. ①中… Ⅱ. ①孙… Ⅲ. ①企业文化—竞争力—研
究—中国 Ⅳ. ①F279.23

中国版本图书馆CIP数据核字（2021）第271650号

中国特色社会主义文化竞争力的产权基础研究
ZHONGGUO TESE SHEHUI ZHUYI WENHUA JINGZHENGLI DE CHANQUAN JICHU YANJIU
孙国峰 著

策划编辑	任晓燕
责任编辑	任晓燕
封面设计	杭州望宸文化传媒有限公司
责任校对	时俊龙
责任印制	包建辉
出版发行	浙江工商大学出版社
	（杭州市教工路198号　邮政编码310012）
	（E-mail：zjgsupress@163.com）
	（网址：http://www.zjgsupress.com）
	电话：0571-88904980，88831806（传真）
排　　版	杭州彩地电脑图文有限公司
印　　刷	杭州全能工艺美术印刷有限公司
开　　本	710 mm × 1000 mm　1/16
印　　张	14.75
字　　数	201千
版 印 次	2022年11月第1版　2022年11月第1次印刷
书　　号	ISBN 978-7-5178-4779-3
定　　价	78.00元

目录

引　论

第一节　问题的提出及研究目的

理论界关于文化的界定有很多，概有广义和狭义之分[①]。文化之于经济，从首先研究世界文化形态的伏尔泰，其后继者斯宾格勒、汤

[①] "文化"本身就是一个具有丰富内涵、歧义繁杂的概念。国内对文化的研究有广义和狭义之分，亦被称为"大文化"与"小文化"。广义文化是指人类在社会实践过程中所创造的精神财富和物质财富的总和；狭义文化则是指如思想、道德、宗教、风尚、文学艺术、科学技术、学术等的社会意识形态，以及与之相对应的组织和制度，主要着重于物质文化之外的精神部分。文艺复兴之后的文化史研究大多是在这种狭义文化的范畴内展开（韩晓莉：《从文化史到社会文化史——兼论文化人类学对社会文化史研究的影响》，《华东师范大学学报（哲学社会科学版）》2009年第1期，第58—64页）。

因比、亨廷顿等，到维柯、康德和文德尔班的文化哲学[①]，再到韦伯的"禁欲苦行主义"[②]和维尔纳·桑巴特的"贪婪攫取性"[③]，亨廷顿的"文明的冲突"等，二者极少关联。而发端于艺术社会学[④]的文化经济学则着重于运用经济学的观点开展对文化经济问题的整体研究[⑤]。实际上，马克思文化观认为经济是文化的基础，这是目前被理论界忽视的文化与经济二者关系中尤为重要的一面，人的自由全面发展是文化发展的归宿[⑥]，而"文化马克思主义"则力图克服"经济决定论"的僵

[①] 在西方，"文化哲学"这一概念是由德国哲学家、哲学史家文德尔班（Windelband, Wilhelm, 1848—1915）在《文化哲学与先验观念论》(*Kulturphilosophie und transzenden talerIdealismus*)(1910)中首次提出的（刘进田：《文化哲学导论》，法律出版社，1999年版）。在德语系统里，"文化哲学"和"文化科学"之间的区别可被归纳为："文化科学"乃专门研究文化和认识文化的方法的学问；"文化哲学"乃研究文化发展的普遍规律和总体目的以及如何实现这种目的的学问（周可真：《构建普遍有效的文化价值标准——对文化哲学的首倡者文德尔班的文化哲学概念的解读》，《苏州大学学报（哲学社会科学版）》2011年第3期，第37—41页）。

[②] 韦伯在他的代表作《新教伦理与资本主义精神》中主要分析了16世纪宗教改革之后，基督教新教的宗教伦理与隐藏在资本主义发展背后的某种心理驱动力（资本主义精神）之间的内在关系。韦伯发现，随着新教的禁欲职业伦理观转变为资本主义精神，新教徒所遵循的尽职尽责的宗教伦理就蜕变为纯粹的获取物质利益和享受生活的手段了。

[③] 维尔纳·桑巴特：《奢侈与资本主义》，王燕平、侯小河译，上海人民出版社，2005年版。

[④] 徐剑：《20世纪中国艺术社会学研究综述》，《学术论坛》2002年第4期，第89—91页；宋建林：《现代艺术社会学导论》，知识出版社，2003年版，第51—52页；陈德洪、巫大军：《论当代艺术社会学的研究范式》，《民族艺术研究》2013年第5期，第92—96页。

[⑤] 参见普列汉诺夫：《论艺术——没有地址的信》，生活·读书·新知三联书店，1964年版；戴维·思罗斯比：《经济学与文化》，中国人民大学出版社，2011年版；名和太郎：《经济与文化》，中国经济出版社，1987年版；程恩富：《文化经济学》，中国经济出版社，1993年版；Gavin Kendall, Gary Wickham: *Understanding Culture*, Sage Pulications Ltd.,2001.

[⑥] 研究马克思主义的文化发展观就必须立足于其经典著作，考察其所提出的文化概念的历史语境。坚持辩证唯物主义乃马克思主义文化发展观的基本逻辑，倡导多元辩证的文化发展观乃马克思主义文化发展观的鲜明特色，重视文化在社会有机体中的作用是马克思主义文化发展观的重要突破。马克思主义的文化发展观对当代文化的发展具有重要的指导意义。参见张传民：《马克思、恩格斯的文化发展观及其当代价值》，《江西社会科学》2013年第3期，第18—22页。

局①。冷战后，弗兰西斯·福山②、汤姆林森等主张以美国为首的西方文化主导的统一的文化体系③，罗尔斯则希望容纳多元文化④。中国文化的未来发展既要承继中华优秀传统文化，又要汲取西方文化的合理

---

① 在马克思主义文化理论史上，现代西方马克思主义文化批评学说大致有三种类型和三个阶段，它们分别是"二战"前后的德国法兰克福学派、20世纪六七十年代的法国阿尔都塞学派以及20世纪八九十年代英国的伯明翰学派。法兰克福学派着力批判当代资本主义社会的异化现象，力图消除异化意识，恢复人的主体性。而阿尔都塞学派则借用语言学结构主义方法，在20世纪六七十年代创立结构主义马克思主义，凸显社会结构的重要性，尤为强调将个人"召唤"为"主体"的恰恰是意识形态的结构。从学理的角度看，将二者进行比较，具有重大的价值。参见李林洪、杨兰：《文化，还是结构？——文化马克思主义中的两种范式比较研究》，《长春市委党校学报》2012年第1期，第25—30页。

② 福山尝试用社会资本的流失来解释技术进步与道德沦丧这一悖论，并提出借由人的本性（包括理性）来重建社会秩序。参阅弗兰西斯·福山：《大分裂：人类本性与社会秩序的重建》，刘榜离、王胜利译，中国社会科学出版社，2002年版；张立平：《对秩序的忧虑——评弗兰西斯·福山的〈大分裂：人类本性与社会秩序的重建〉》，《美国研究》2002年第2期，第142—146页。

③ 汤姆林森用非领土扩张化的过程描述文化的全球化，即文化地方性和全球性的统一，他认为世界主义是文化全球化的趋势，并且断言这种世界主义就是以美国为首的西方文化主导的、世界其他各国积极参与统一的文化体系。参阅约翰·汤姆林森：《全球化与文化》，郭英剑译，南京大学出版社，2002年版；张怡：《汤姆林森全球化与文化思想述评——从马克思、恩格斯的世界文化观点看》，《江汉论坛》2009年第2期，第114—116页。

④ "多元社会"无论实现在文化层面还是实现在制度层面，对西方学者来说都是一个非常棘手的问题。一旦主张文化与制度之间存在着强关联关系，那么无论何种层面上的"多元社会"就都是被排斥和抗拒的；一旦能够有效削弱文化与制度的关联程度，文化层面上的"多元社会"才是受欢迎的。罗尔斯与亨廷顿在这个问题上各执一端，各自提出了极具代表性的解决方案。亨廷顿的"民族性质的方案"旨在借由捍卫和发扬原有单一社会中的主流文化，来抗衡来自多元文化的冲击；罗尔斯的"政治自由主义的方案"则意图通过对政治世界的改进，使其能够安全地容纳多元文化。不过，因为这两个方案内部都存在一些严重问题，在现实社会中同样难于付诸实现。参阅约翰·罗尔斯：《政治自由主义》，万俊人译，译林出版社，2000年版；曹瑞涛：《在制度与文化间徘徊的"多元社会"——罗尔斯与亨廷顿应对"多元社会"方案之比照探析》，《宁夏大学学报（人文社会科学版）》2012年第5期，第60—64页。

性①。中国特色社会主义的文化建设要坚持马克思主义的指导地位，以社会主义核心价值体系引领文化的大发展大繁荣②。在重视公有制经济

---

① 我们身处在一个文化多元的时代，多元文化的冲突与碰撞既带来了文化元素的传递与嬗变，又引致了身份认同的彷徨与焦虑。如何重新建构一种新的文化价值观，重塑中国人的精神家园，这一文化选择与文化发展问题正以从未有过的紧迫态势不可回避地摆在每一位国人面前。无须讳言，中国文化的未来发展既要与源远流长的中国传统文化承续接继，又要合理地吸收接纳西方文化的现代性与后现代性成果。回到文化的源头，融会贯通，锐意创新，此乃中国文化未来发展的必由之路。唯有复返中华文化原典，我们的文明创造方有根脉可寻，才会元气充沛；也唯有主动地吸纳西方现当代文化的优秀滋养，借鉴他山之石，方能够使我们对传统文化的利弊持尤为清醒的认知，从而在与西方文化的借鉴融合中，推动中国文化自觉的思想起点，拓展中国文化自信的原创空间，坚定中国文化自强的现实出场路径。参阅杜维明：《中国传统文化的当代价值》，《江海学刊》2011 年第 3 期，第 5—7 页；黄枬森：《中西哲学与马克思主义哲学的性质》，《江海学刊》2011 年第 3 期，第 7—10 页；张世英：《和而不同，开创中西马融合的新境界》，《江海学刊》2011 年第 3 期，第 10—13 页。

② 社会主义核心价值体系是社会主义意识形态的本质体现，以社会主义核心价值体系引导和规范我国文化的大发展大繁荣，不仅是社会主义核心价值体系建设而且也是我国文化大发展大繁荣共同面对的重大任务。从目前的情况看，以社会主义核心价值体系引导和规范我国文化的大发展大繁荣取得了巨大成绩，其具体实现路主要体现在七个方面：一是必须将社会主义核心价值体系与国民教育和精神文明建设的全过程充分融合，使其贯穿统领文化发展繁荣的各个方面和各个层面，成为广大干部、群众与青年学生易于理解和接受并能够自觉践行的价值理念；二是大力弘扬我国优秀的传统文化，努力建设中华民族共有的精神家园；三是中国共产党要把握对社会主义文化建设的领导权和主动权，努力提高以社会主义核心价值体系引导和规范社会主义文化大发展大繁荣工作的能力；四是要加大学术思想的传播力度，创造有利于我国学术思想走出去的更多更好的机会与平台，不断提升我国文化总体实力和国际竞争力；五是要以改革创新精神改进和完善以社会主义核心价值体系引导和规范社会主义文化大发展大繁荣的体制机制；六是加大综合治理党内腐败的力度和强度，不断增强社会主义核心价值体系的亲和力和感召力；七是将财富和收入分配差距控制缩小在合理范围，为社会主义核心价值体系引导和规范我国文化大发展大繁荣奠定牢固扎实的经济基础。参阅洪银兴：《以人为本的发展观及其理论和实践意义》，《经济理论与经济管理》2007 年第 5 期，第 5—10 页；刘海藩：《加强党对文化建设的领导》，《领导科学论坛（理论）》2013 年第 2 期，第 4—5 页；程恩富、冯颜利：《以社会主义核心价值体系引领我国文化大发展大繁荣》，《学习论坛》2012 年第 8 期，第 5—7 页；逄锦聚：《以党的十八大精神为指导 加强马克思主义理论学科建设》，《马克思主义研究》2013 年第 1 期，第 20—25 页；汝信：《两种道路 两种前景》，《红旗文稿》2013 年第 1 期，第 4—6 页；陈奎元：《信仰马克思主义，做坚定的马克思主义者》，《马克思主义研究》2011 年第 4 期，第 5—10 页。

的地位和作用 ① 的同时，亟须对中国特色社会主义文化和产权基础的关系进行基于实践的具体深入研究。产权既集中体现经济利益关系，又是社会个体的社会地位和现实身份的根本基础 ②。在产权改革视域的所有制改革中，尤其在城镇化过程中，由于我国城市和农村特殊的土

① 国家要控制国民经济命脉，不断增强国有经济的控制力、影响力和竞争力。要让中国共产党的执政基础——工人阶级和农民阶级都能够实实在在享受到国有经济的好处。参阅刘国光：《"两个毫不动摇"的当前价值——公有制是社会主义初级阶段基本经济制度的基石》，《人民论坛》2012 年第 15 期，第 47—49 页；卫兴华：《为什么说公有制是共产党执政的基础》，《红旗文稿》2012 年第 15 期，第 17—18 页；程恩富：《全面深化改革开放，推进经济持续健康发展——学习贯彻十八大精神笔谈（上）：加快完善社会主义市场经济体制的"四个关键词"》，《经济研究》2013 年第 2 期，第 12—14 页。
② 参阅霍桂桓：《从产权到伦理——跨文化视角下的当代中国伦理问题》，《学术月刊》2008 年第 2 期，第 61—66 页。

地产权和管理制度①，土地资本化则尤为引人关注（赫尔南多·德·索托，

---

① 国外对中国土地问题的相关研究主要表现在以下方面：（1）资料介绍。如长野朗（1933）的《中国土地制度研究》收集了河北省二十个县的实际调查以及南京金陵大学农林科的统计材料；R. H. Tawney（1931，1964）的《关于中国农业与工业的备忘录》（*A Memorandum on Agriculture and Industry in China*）和《中国的土地与劳力》（*Land and Labour in China*）中提到了当时中国的土地占有状况并详尽论述了近代中国的土地问题。（2）权利与土地所有制。如张五常（2000）在《佃农理论——应用于亚洲的农业和台湾的土地改革》中认为私产包括使用权（或决定使用权）、自由转让权和不受干预的收入享受权，有了这三种权利，所有权是不需要的；仁井田升（1960）在《中国法制史研究》中着重从法制史的角度来研究中国的土地所有制等问题，后来的日本学者如滋贺秀三、寺田浩明、岸本美绪、夫马进等继承了这一学术传统。（3）对制度演进的解释。如 Michael R. Carter（1999）和杨小凯（2001）认为村干部对责任田的配置权和村组织对责任田的承包费的支配权影响了土地的利用效率，打击了农民对土地的投资信心；Robin Burgess（2000）指出土地的频繁调整使得很多农民拥有很多块土地，实证分析显示这影响了土地的利用效率；Prosterman（2001）指出由于土地会被定期或不定期地调整，农民只是进行一年内就能收回的投入，产量不会进一步提高；文贯中（1994，2002）认为中国农村土地制度变迁始终在公平和效率之间进行选择。（4）对农户行为的研究。主要有三个流派：一是以俄国的 A.恰亚诺夫（1996）为代表的组织生产流派；二是以西奥金·舒尔茨（1999）为代表的理性行为流派；三是以黄宗智（1986）为代表的历史流派。

目前，我国农村土地制度安排的理论研究主要体现在三个方面：（1）环境、资源禀赋与经济系统的自我积累。温铁军（2000）从这个角度为农村制度的研究提供了新的视角，他认为"中国的问题是一个资源禀赋较差的、发展中的农民国家，通过内向性自我积累追求被西方主导的工业化的发展问题"。（2）公平与效率的内在要求。邓大才（2001）对效率和公平在农村土地制度变迁过程中的博弈及其对制度变迁的影响进行了全新的研究；冯继康和何芳（2001）认为中国农村土地制度的变迁经历了效率和公平的选择过程。（3）利益博弈和诱致性变迁。这方面的代表学者非常多，他们主要是从利益配置的角度出发，将激励问题、利益主体博弈和诱致性制度变迁等看作是导致我国农村土地产权制度演进的主要原因。如林毅夫（1992，2000）认为生产队中每个劳动者努力的边际报酬是监督的函数，监督是保持劳动激励和合作社生产率水平的关键；周其仁（2002）运用产权经济学的有关理论对农村土地制度变迁进行了分析并得出了基本结论；党国英（1998）认为应从长期和短期两个角度考察国家与所有权的关系；谭秋成（2001）分析了公社、大队和生产队干部在变迁过程中的立场；刘守英（1999）利用村庄调查的第一手资料分析了农村土地制度改革后的现状以及变迁的实际路径；曲福田（1997）运用产权经济学的基本理论，提出我国土地制度变迁中土地产权选择的基本原则是产权结构的收益成本比较；钱忠好（1999）运用制度变迁理论建立了一个用于分析中国农村土地制度变迁的经济学理论模型；王小映（2001）认为家庭经营制度中存在着制度改进的收益来源和获利机会，对这些潜在收益的追求导致了土地制度创新。

从我国经济改革的历史特点来看，农村一直都充当着城市产权改革的社会稳定器，这种特殊性进而限制了农村产权改革理论和实践上的创新空间，使得农村和城市产权改革处于一个非平衡的演进状态。对于以土地为主导生产要素的农业产业而言，这种非平衡可能诱致城乡统筹发展过程中对农地的非农化侵占。

2012）①。所有制改革、城镇化和土地巨额财富的重新分配将建构基于个体或群体的不同的产权基础，从而影响或决定中国特色社会主义文化发展的未来走向。

本书拟从分析文化与产权基础的关系入手，阐释中国特色社会主义文化竞争力就是社会主义核心价值观和中国梦的具体体现，认为资本和私有制相结合主导下的经济体制在文化竞争力上是不可持续的；拟探讨在产权改革视域下，所有制改革、城镇化与土地资本化过程中坚守以公有制为主体的社会主义产权基础对保有和提升中国特色社会主义文化竞争力、实现城乡平衡发展与生态和谐乃至人的和谐与社会和谐的重要性；拟论证文化创新视域下制度和管理创新是中国特色社会主义文化竞争力的体制保证，认为中华民族的伟大复兴首先是作为个体的人的"精神复兴"和自我实现，要防止资本借由经济领域对政治的渗透甚至主导；在对以上理论综合反思的基础上，拟选取中国国内社会经济发展的一些典型案例，如反贫困、乡村振兴、区域发展和"一带一路"倡议等，从集体意义下的产权基础和集体（整体）主义价值观视角，尝试探讨推崇互利合作的中国特色社会主义文化在解决这些涉及全局性的亟须共同发展问题上的竞争优势。通过宏观层面对中国社会经济发展基于文化竞争力优势的重点环节的撷取思考，从总体上揭示中国特色社会主义之所以成功的逻辑必然性和未来需要警惕防范的颠覆性错误。与之相对的，施行资本主义的国家，其国内事务和国际事务呈现出不可调和的矛盾，几近于无解状态。比如英国脱欧，美国特朗普政府的不断"退群"，拉丁美洲一些国家如智利、阿

---

① 秘鲁经济学家赫尔南多·德·索托认为，完善的资产表述体系可以使"僵化的"资产转化为流动的资本，并且能降低交易成本。参阅赫尔南多·德·索托：《资本的秘密》，于海生译，华夏出版社，2012 年版。

根廷等的频繁骚乱等，一些深层次的难以根除的社会经济问题，都与其产权基础结构和基于其上的个体主义价值观息息相关。本书通过对两种体制下文化竞争力的不同现实表现和发展趋向的分析，进一步揭示了中国特色社会主义文化的优越性和强大的竞争力。

第二节　研究方法和思路

本书从分析文化与产权基础的关系入手，阐释了中国特色社会主义文化竞争力就是社会主义核心价值观和中国梦的具体体现；探讨了在所有制改革、城镇化与土地资本化过程中坚守以公有制为主体的社会主义产权基础对保有和提升中国特色社会主义文化竞争力的重要性；论证了文化创新视域下制度和管理创新是中国特色社会主义文化竞争力的体制保证；并从国内外选取典型案例进行考察分析。本书在理论分析方面主要运用文献述评、抽象思维和制度比较分析等方法，在对中国特色社会主义文化竞争力与所有制改革、城镇化、土地资本化及文化创新的关系分析和实证研究方面，综合运用产权理论、经济学、社会学、管理学和伦理学等的方法，从抽象到具体，以理论分析、应用分析、制度分析、中微观分析和实证分析等为环环相扣逐层深入的研究体系，力求从理论和实践两个层面揭示坚持以公有制为主体的产权基础对体现社会主义核心价值观和中国梦的中国特色社会主义文化竞争力的必要性和重要性。

第三节 几个基本概念

一、文 化

文化是文化人类学研究中的核心概念和主要对象。人类学从产生以来，先后创立提出了多种不同的文化理论，其中，在当代人类学研究中影响尤为广泛的当数 20 世纪 60 年代形成的象征理论。在该理论中，文化被分成可观察和不可观察的两个层次来看待：可观察的部分包括物质文化和能够用标本表达的精神文化与社群文化。尽管可观察的文化是人类学家研究的重点，但是并非其目标所在。文化的第二个层次——不可观察的文化才是人类学家更为关注的，在这里文化是一套一定区域居民共有的意义象征系统，它经由潜移默化形成于人们的头脑中，控制和指引着人们的行为，同时在各个不同的文化领域沟通交流，形成一套和谐的整体。研究者们正是借由对可观察文化的解释从而达成对潜在意义系统的领会把握。美国人类学家克利福德·格尔茨乃文化人类学的代表人物，他从符号学的角度对文化做出了进一步的阐释："它表示的是从历史上留下来的存在于符号中的意义模式，是以符号形式表达的前后相袭的概念系统，借此人们交流、保存和发展对生命的知识和态度。"他强调，"最好不要把文化看成是一个具体行为模式——习俗、惯例、传统、习惯——的复合体，直到现在大体上都是这样看待文化的，而要看成是一个总管行为的控制机制——计划、处方、规则、指令（计算机工程师将其称为'程序'）"①。根据文

---

① 克利福德·格尔茨：《文化的解释》，韩莉译，译林出版社，1999年版，第109页、第 57 页。

化象征理论，人类学研究的首要任务并非对文化功能或结构的分析，而是揭示各种文化现象和行为所传递和内含的信息和意义，并将这些信息和意义作为文化的核心加以研究，寻求对文化的多层面和多视角的理解。

基于对文化的共同关注，社会文化史和文化人类学具有诸多的相通之处，文化人类学研究者经过几代学人积累凝练的对文化的深入剖析和理解，对社会文化史的研究无疑具有很好的启发和借鉴意义。实际上，很多学者也的确在这方面进行着有益的尝试。比如，中国台湾学者黄克武在谈及台湾地区社会文化史的研究时指出，"近年来研究转向一个比较具有人类学意义的文化观，认为文化是'族群或社会共享的价值'"[①]。在具体研究中，大陆学者也表达了相似的研究取向。程美宝通过对广东地域包括方言、风俗、学术、粤剧等文化诸多层面的描述展现，企图探寻清末民初广东地方文化观形成的多维轨迹，进而挖掘和解释隐藏在这些现象或事物背后的深刻意义，即逾一个世纪以来广东文人如何在地方关怀和国家意识的两条主线中传承和创造出适合的路径，加入自己的思考和贡献，界定自己所认可接纳的地域文化[②]。陈春声、陈树良将广东潮州地区东凤村流传的民间故事作为研究对象，将其看作乡民的"历史记忆"，透过剖析这些传说故事的创作、流传和再创作过程，理解和把握乡村历史的"事实"与内在脉络[③]。愈

[①] 黄克武：《导论：映现抑或再现？——视觉史料与历史书写》，见黄克武编：《画中有话：近代中国的视觉表述与文化构图》，台北："中央研究院"近代史研究所，2003年，第3页。

[②] 程美宝：《地域文化与国家认同：晚清以来"广东文化"观的形成》，生活·读书·新知三联书店，2006年版。

[③] 陈春声、陈树良：《乡村故事与社区历史的建构——以东凤村陈氏为例兼论传统乡村社会的"历史记忆"》，《历史研究》2003年第5期，第115—126页。

来愈多的社会文化史研究成果表明，尽管衣、食、住、行等社会生活的各个方面，甚至包括身体、语言、心态和气质等都被纳入了研究者的视野，但这并非研究的全部，对隐含于社会生活和文化现象之后的精神和意义的挖掘才应该是研究者所要关注的重点，也是社会文化史的追求所在。至于如何从社会生活和文化现象的考察中找出其后隐藏的意义或关系，文化人类学的"深描"理论也许能够提供一个不错的路径选择。

克利福德·格尔茨认为，"深描"是分析文化所代表的意义的典型的人类学方法，"是从以极其扩展的方式摸透极端细小的事情这样一种角度出发，最后达到那种更为广泛的解释和更为抽象的分析"[①]。其目的是要从那些细小的，却非常紧凑编排的事实中总结得出大结论。显然，在文化的"深描"中不仅需要研究者具备敏锐的学术眼光和进行丰富的资料收集，而且更需要其对包括政治、经济、文化在内的整体社会背景的深刻把握和独到分析，只有如此，"深描"才可能是对文化的有意义的"深入描述"，而不是流于对现象的"琐碎写实"。

在国内社会文化史的研究中，所谓对文化的"深描"也有较多体现和实践。比如，黄兴涛对"她"字的解读就是一个范例。黄兴涛从"她"字在中国的出现及其所产生的影响入手，通过深入分析，发现"她"远远超越于纯粹的语言范围，也不仅仅是一个单纯的词汇问题，而是同时涉及微妙的中西文化互动关系和深刻的现代性本质，从而将这一简单的人称代词从文化史研究的边缘变成了主题。"她"字的故事也可以说是对陈寅恪先生"凡解一字，即是作一部文化史"追求的

———————
① 克利福德·格尔茨：《文化的解释》，韩莉译，译林出版社，2008年版，第24页。

一个实践①。另外，赵世瑜对洪洞大槐树移民传说建构过程中隐含的族群认同观念的梳理，行龙借由内地乡绅刘大鹏的人生轨迹对变革时代下绅士阶层变迁特征的考察，杨念群对清初"文字狱"成狱过程中江南士绅阶层与清帝王心态的解读，等等，都在不同程度上实践着对文化的"深描"②。虽然上述这些研究不一定全部借鉴了人类学的文化理论，但至少说明这一理论在一定程度上与社会文化史的研究相契合，有助于相关研究的多维度和深入开展。从方法上看，文化"深描"的实现有赖于全面深入的田野调查。对人类学家而言，用一般社会学家常用的问卷式的大型社会调查是无法获知对一个民族无形的文化的深入了解和把握的，"唯一的方法，就是人类学家亲自下海，住进研究的社会里，学习作一个当地人，从日常生活往来交往的经验里逐渐累积对该文化的了解。这就是'田野调查工作'——人类学最具特色也最重要的研究方法"③。

文化是一个涉及面非常广泛，因此争论十分激烈的概念，不同的研究者和思想家从各自的学科背景和研究目标出发力图对其做出各自的界定。迄今为止，对文化的定义已多达数百种④。从人类学对文化的理解中我们能够找到其关于文化的界定，即文化不是片段的、割裂的、静止的行动或事物，而是"总管行为的控制机制"，是一整套意

---

① 黄兴涛：《"她"的故事：女性新代词符号的发明、论争与早期流播》，参见杨念群、黄兴涛、毛丹编：《新史学》，中国人民大学出版社，2003年版，第164页。

② 相关文章见行龙：《走向田野与社会》，生活·读书·新知三联书店，2007年版，第327—354页；赵世瑜：《小历史与大历史：区域社会史的理念、方法与实践》，生活·读书·新知三联书店，2006年版，第96—124页；杨念群：《新史学：感觉·图象·叙事》，中华书局，2007年版，第3—57页。

③ 李亦园：《人类的视野》，上海文艺出版社，1996年版，第12页。

④ 美国学者克鲁伯和克鲁克洪在1952年发表的《文化——关于概念和定义的评论》中，就已经列举了160多种关于文化的定义。

义象征系统。被誉为"人类学之父"的爱德华·泰勒将文化定义为："文化是一个复杂的总体，包括知识、信仰、艺术、法律、道德、风俗，以及人类所获得的才能和习惯。"①泰勒很显然将文化看作一个统一的体系。博厄斯等从历史特殊论的角度，将文化理解为特定社区的所有习惯及由这些习惯所决定的人们的活动。马林诺夫斯基认为："文化是包括一套工具及一套风俗——人体的或心灵的习惯，它们都是直接地满足人体的需要。"②符号—文化学派代表人物怀特和卡西尔则把文化看成代表价值体系的符号，怀特说："全部人类行为起源于符号的使用。正是符号才使得我们的类人猿祖先转变为人，并使他们成为人类……人类行为是符号行为；反之，符号行为是人类行为。符号乃是人类特有的领域。"③文化涉及行动者关于其自身及其相互之间的关系、所处的环境或世界所持有的相同的知识，也即共有观念。共有观念产生于行动者相互实践活动之前独自持有的私有观念之间的互动，共有观念一旦形成就无法再还原为私有观念。这种无法还原为私有观念之共有观念即为文化，比如国际规范和伦理④。温特将国际政治的基本文化模式分为霍布斯文化、洛克文化和康德文化三种文化模式，其形成于国际社会中行动者之间的相互运动，达致共有观念后又反诸行动者并塑造其身份，且借由身份政治（politics of identity，也可译为"认同政治"）影响行动者的利益和行为⑤。亨廷顿则是从价值

---

① 爱德华·泰勒：《原始文化》，连树声译，广西师范大学出版社，2005年版，第1页。
② 马林诺夫斯基：《文化论》，中国民间文艺出版社，1987年版，第14页。
③ 莱斯利·A.怀特：《文化科学——人和文明的研究》，曹锦清等译，浙江人民出版社，1988年版，第21页。
④ 秦亚青：《世界政治的文化理论——文化结构、文化单位与文化力》，《世界经济与政治》2003年第4期，第4—9页。
⑤ Alexander Wendt: *Social Theory of International Politics*, Cambridge University Press, 1999, pp. 139—192, 246—312.

观、态度等心理层面界定文化概念的，他认为文化是"一个社会中的价值观、态度、信念、取向以及人们普遍持有的见解"。

马克思和恩格斯并没有对文化问题进行过专门系统的探讨，但马克思主义哲学作为一种理论和方法论体系，尤其是关于经济基础与上层建筑作用与反作用的理论对于文化研究具有基础性的指导作用。马克思认为："物质生活的生产方式制约着整个社会生活、政治生活和精神生活的过程。"① "随着经济基础的变更，全部庞大的上层建筑也或慢或快地发生变革。"② 恩格斯指出："政治、法、哲学、宗教、文学、艺术等等的发展是以经济发展为基础的。但是，它们又都互相作用并对经济基础发生作用。"③ 并且，文化是有阶级性的："统治阶级的思想在每一个时代都是占统治地位的思想。这就是说，一个阶级是社会上占统治地位的物质力量，同时也是社会上占统治地位的精神力量。"④ 正是从马克思主义的基本立场出发，陈独秀、李大钊、李达、瞿秋白等早期的中国共产党人都在不同程度上探讨了文化问题，并形成了比较清晰的基本观点。概而言之包括了两个方面：其一是阐述了经济基础决定文化变迁的观点，同时也承认精神力量可以反作用于经济基础（尽管李大钊最初认为唯物史观不承认这种反作用）。不过对于反作用的观点表达远没有对经济基础的决定作用那样突出，也没有具体展开；其二是认为无论崇古复古抑或皈依西化都非中国文化的出路，只有通过反帝反封建的民主革命走向社会主义的文明才是中国文化的

---

① 《马克思恩格斯选集》（第2卷），人民出版社，1995年第2版，第32页。
② 《马克思恩格斯选集》（第2卷），人民出版社，1995年第2版，第33页。
③ 《马克思恩格斯选集》（第4卷），人民出版社，1995年第2版，第732页。
④ 《马克思恩格斯选集》（第1卷），人民出版社，1995年第2版，第98页。

出路（瞿秋白语，即建设无产阶级或社会主义文化）[①]。通过论述文化与政治、经济的关系，毛泽东在关于新民主主义文化理论的论述中深刻地表达了建构中国政治文化的目标——革命文化。他指出："一定的文化（当作观念形态的文化）是一定社会的政治和经济的反映，又给予伟大影响和作用于一定社会的政治和经济；而经济是基础，政治则是经济的集中的表现。"[②]政治文化是"在一定社会物质生活条件下，民族、国家、阶级和集团所建构的政治规范、政治制度和体系以及人们关于政治现象的态度、感情、心理、习惯、价值信念和学说理论的复合有机体"[③]。换言之，政治文化不仅涉及观念性层面，还包含上层建筑当中"物质性"的政治制度和政治观，因此能够反映当下时代的社会发展状况。邓小平在继承和坚持毛泽东关于政治文化辩证法的认识论和唯物主义立场的基础上，将"民族的科学的大众的文化"目标定位于培育"有理想、有道德、有文化、有纪律"的"四有"公民，即公民的个体发展上。他指出，"现在中国提出'四有'，有理想、有道德、有文化、有纪律。其中我们最强调的，是有理想……最重要的是人的团结，要团结就要有共同的理想和坚定的信念……没有这样的信念，就没有一切"[④]。在经历了"大跃进"、三年困难时期以及十年浩劫之后，中国到底应该确立什么样的"中国特色社会主义共同理想"？邓小平认为，"社会主义经济政策对不对，归根到底要看生产

---

① 郑师渠主编：《中国共产党文化思想史研究》，中共中央党校出版社，2007年版，第29页。

②《毛泽东选集》（第2卷），人民出版社，1991年版，第663—664页。

③ 公丕祥、李义生：《商品经济与政治文化观念》，《政治学研究》1987年第1期，第11—16页。

④《邓小平文选》（第3卷），人民出版社，1993年版，第190页。

力是否发展，人民收入是否增加"①。他认识到了人民群众对物质需要追求的价值合理性，从而确立了"富民"的政治理念。这一政治理念不仅继承了马克思主义关于"人的自由全面的发展"的核心观念，还符合以生存权和发展权为核心的现代民主政治的人权观念。这样，邓小平借由富民思想将中国人民建立于"民族解放、国家独立"信念之上的共同理想，转变为借由实现人的自由全面发展为基础的"中华民族的伟大复兴"信念之上的共同理想，并且针对改革开放后中国社会所兴起的逐利思想，借由提出"有道德"的要求坚守了精神价值的普遍存在。江泽民在 1991 年庆祝中国共产党成立 70 周年的讲话中，提出了建设中国特色社会主义经济、政治和文化的战略目标，1997 年，中共十五大加以郑重确认和阐述。中共十六大报告提出文化"在综合国力竞争中的地位越来越突出。文化的力量深深熔铸在民族的生命力、创造力和凝聚力之中"②。进入 21 世纪后，以胡锦涛为总书记的党中央提出和阐释了以人为本的科学发展观，这对于当代中国文化的发展同样具有十分重大的意义。而从中共十七大提出推动"文化大发展大繁荣"到党的十八大明确"建设文化强国"，再到党的十九大强调要"坚定文化自信"，文化在国民经济与社会发展中的重要性正在日益提升。

综上所述，西方学者对于文化的理解主要集中于心理层面，其文化概念的不少见解也主要来自心理学。他们大都从作为文化主体的人出发来揭示文化的本质，换言之，即将文化归源于人自身，并在这一总的原则框架下，根据各自的方法和兴趣对文化的本质问题进行各种

---

① 《邓小平文选》（第 2 卷），人民出版社，1994 年版，第 314 页。
② 《江泽民文选》（第 3 卷），人民出版社，2006 年版，第 558 页。

不同的阐发，从而在一定的程度上揭示了文化某一层面或方面的内涵。当然，西方一些非主流学派的学者像凡勃仑在其《有闲阶级论》中也关注到文化与物质之间的关系。但由于意识形态的问题，这些观点和研究一直处于压抑和边缘状态，没有更广泛深入地展开研究。马克思主义理论、中国共产党建党和中华人民共和国成立以来的实践和理论深化，对文化与经济基础或者说物质基础的关系进行了科学的论证发展。本书对文化概念的基本理解就建立在这一宏大命题之上。

二、文化竞争力

由于人们对文化的理解各自不同，因此对文化竞争力的界定也不尽相同。总体上，学术界通常都是从文化的相对狭义层面看待其竞争力的。一般性的解释认为，文化竞争力乃一个国家、地区和企业核心竞争力的重要组成部分，它对经济发展有很大的推动力，对社会发展有深刻的影响力，对民族和群体有强大的凝聚力和感召力。就实践层面而言，文化的生产力、消费力、创造力、传播力和持续力等各种力量或形式都属于文化竞争力的范畴。文化竞争力乃各种力量的统一体，其中主要包括精神力量和物质力量的统一，主体力量和客体力量的统一，以及现实力量和潜在力量的统一。尽管如此，但文化竞争力的本质是人的能力。人是社会发展和文化活动的主体，也是文化竞争的主体要素。人的实践是文化竞争力的基础，人的交往则是文化竞争力的直接动力，是文化形成和发展的前提。

与文化竞争力相近的概念有文化软实力。软实力是哈佛大学教授约瑟夫·奈于20世纪90年代首先提出来的。国内学术界很多学者将文化软实力基本上简化为一种客观存在的力量和经济实力的衍生物，从而阻碍了对其理论价值和实践意义的深层探讨。中国社会科学院霍桂桓博士认为，国内学界基本上是在产业经济学的意义上谈文化软实力和文化产业，没有对文化作为被开发的资源和能够提升文化软实力的手段以及其究竟对人来说意味着什么等问题进行哲学反思。这种哲学反思的前提是，将文化消费本身作为一种符号的文化而非自然资源消费，因为其与以自然资源为基础的实物消费存在本质区别。文化的消费是直达人之心灵的，能够从积极或消极的层面影响和塑造人的心灵①。吉林省社会科学院邴正教授认为，文化软实力既是一种内在凝聚力，也是文化传播和张扬一个国家形象的外在影响力，因此，文化软实力关键不在于大众文化，而在于一个民族的精英文化如何能够借由大众文化的方式去感染别人、建立民族和国家形象②。中国社会科学院研究员李河认为，尽管大家习惯上将文化等同于软实力，但显然它们是有很大差别的两个概念：哲学意义上的文化通常是非地缘性和匿名的概念，而软实力则是有显著的地缘性并体现着强烈的威斯特伐利亚政治观的概念③。大连理工大学洪晓楠等教授将文化软实力解读为五个层面，分别是激励形成民族强大向心力的文化凝聚力、获得国外仿效的文化吸引力、追求领先的文化创造力、成为效能最大有机整体的文化整合力和影响外界的文化辐射力。其中，文化凝聚力是内核要素，文化吸引力是基础要素，文化创造力是倍增要素，文化整合力是集成要素，文化辐射力是表象要素④。

---

① 霍桂桓：《论作为文化软实力之载体的符号》，《哲学研究》2010年第6期，第115—121页。
② 邴正：《当代文化矛盾与哲学话语系统的转变》，《中国社会科学》2011年第2期，第13—20页。
③ 李河：《谈谈软实力概念》，《西安交通大学学报（社会科学版）》2009年第3期，第5—6页。
④ 洪晓楠、蔡后奇：《文化强国"五力互动"论纲》，《江海学刊》2019年第3期，第5—12页。

本书认为，文化竞争力的本质应该体现在以下几个方面：一是这种竞争力是一个国家（政治经济体）整体软实力的重要组成部分，是一个整体、系统和宏大的范畴；二是这种竞争力的考察视角是长期的，能够被普遍接受认可和可持续的；三是这种竞争力能够激发和发扬光大个体对美和善的向往和追求，启迪和点亮人性的光辉，具有利他和互利的属性。

实际上，一个国家（政治经济体）的文化竞争力能否可持续主要取决于被普遍接受认可的程度，而后者又取决于该文化竞争力是否具有利他取向和互利内涵。因此，利他和互利才是一个国家（政治经济体）文化竞争力的本质，也是其灵魂。当然，利他和互利是以合理限度的自利为基础的，因为这种由生存意义上的自爱发展而来的自利是个体走向社会的自我存在和自我保护方式，是一种社会意义上的自然本能。换言之，没有自利，利他和互利就失去了交易的对象。但纯粹或极端的自利，又会使得利他和互利失去存在的空间。因此我们可以说，某种意义上，利他和互利是自利的高级阶段，是将自利限制在合理范围之内，防止其走向极端。我们在讲文化竞争力的时候，实际上是将个体这种合理限度的自利作为前提略而不提的。但这并不意味着它作为利他和互利的基础就不重要。在接下来的研究中，我们还会反复论及这一问题。

三、产权基础

所有权概念的建立始于公元前 2 世纪的罗马法，它向来就是一个受到限制和承担义务的权利。所有权不是占有、使用、收益、处分等各种权能的总合，而是一个浑然一体的权利。所有权受法令的限制，负有义务，以维护社会公益。这是所有权本身具有的约束，自由与限制相伴相生，构成了所有权的内容。19世纪以来关于所有权起源和基础的学说很多，有神授说、法定说、自然权说、先占说、劳力说、社会说等不同理论，涉及政治、社会、经济、哲学等多层面问题。所有权与经济制度、社会秩序以及人格伦理等都有着十分密切的关系。所有权的积极权能主要表现在占有、使用、收益和处分等方面；其消极权能表现为对他人干涉的排除，这是所有权作为一种绝对权的特色。而积极权能和消极权能都应该受到法令的限制。其目的主要在于保障个人利益（如民法上的相邻关系和"公寓大厦管理条例"）、国家公共利益、社会共同生活（如枪炮、弹药、刀械管制条例）以及保全自然生态和文化资产（如"野生动物保护法"）[1]。

上面是从法律的角度对所有权的一个概览。从经济角度对所有权理解的一个最好的例子就是对土地所有权的分析：假设土地是共有的，每个人都可以在这块土地上耕种、打猎或采矿，但这种所有权的形式使他并不承担由此造成的全部成本。这样的话，就有可能导致动物保有量和土地丰度的急剧下降。如果谈判成本和保卫成本为零，社区成员就完全有可能达成协议，降低其利用土地的程度。但是，问题就在于谈判成本和保卫成本将非常之高，以至于无法达成这种协议。如果土地归个人拥有，土地所有人就会像经纪人那样行事。经纪人财富的大小，取决于他能否很好地考虑目前和未来的净价要求，这有利于解决当代人和后代对土地索取权的分配权重问题。而这在共有财产制度下是无法实现的。从土地所有权的例子中，我们可以看到共有财产制度导致巨大的外部性。任何人的行为都能对自己周围的人或后

---

① 王泽鉴：《民法物权——通则·所有权》，中国政法大学出版社，2001年版，第149—163页。

代人产生影响，但这种后果却没有被充分考虑过。私人土地所有权能够使共有所有权造成的很多外部成本内部化，原因就在于私人所有权者可以使用所有权的排他性权利。他们通常都可以计算出畜牧业能得到多少收益，土地肥力能提高多少。这样，成本和收益都集中于所有者一人，就会激励他更有效地去利用资源。但是，私人所有权仍然存在着外部性问题，只不过相对于共有所有权而言其谈判成本将大大降低。所有权要归个人掌握，而个人所有权的建立又取决于它能在什么程度上与全部成本最小化相一致。所有权的这种双重倾向，在土地所有权的例子中表现得极为明显。

其实，上面对所有权从经济角度的分析，已经是属于产权的范畴了，也就是说，所有权是产权一般概念的一类。产权是一种社会工具，其重要性就在于能够帮助人形成一个与他人打交道时的合理预期。阿尔钦认为，产权是一个社会所强制实施的选择一种经济物品使用的权利[①]。德姆塞茨则认为，产权包括一个人或其他人受益或受损的权利。产权界定了人们如何受益与如何受损，从而能够修正人们所采取的行动[②]。因此，产权不是指人与物之间的关系，而是指由于物的存在及关于它们的使用所引起的人们相互认可的行为关系。产权安排确定了每个人相应于物时的行为规范，每个人都必须遵守他与其他人之间的相互关系或承担不遵守这种关系的成本[③]。可见，产权界定和规范的是人们之间的行为关系，但表现为人们所拥有的一项或一组权

---

① A.Alchian: *Information Cost, Pricing and Resource Unemployment*, Western Economic Jouranl, 7:109—128.

② H.H.Demsetz: *Towards a Theory of Property Rights*, American Economic Review, 57: 347—359.

③ E. G. Furubotn, S.Pejovich: *Property Rights and Economic Theory: A Survey of Recent Literature*, Journal of Economic Literature, 10: 1137—1162.

利（权利束）。在经济生活中，产权则主要包括人们所拥有的对资产的使用权、收益权与变更资产的形式及内容的处置权①。因此，完整的产权实际上是由多种权利构成的权利束。这些权利可以分割开来进行交易。由于经济物品往往具有多方面的属性，要完全精确地度量这些属性对于有限理性、信息不完备的人来说成本极大，甚至不可能。这样，有关经济物品的产权的界定因正交易成本的存在而变得不完整，在产权交易中就必然有一部分财富溢出，进入公共领域，供愿花费资源的个人去攫取②。

从上面的论述中可以看到，所有权是一个相对静态的概念，它是产权得以优化的基础。而产权由于未被界定清楚所产生的在排他性上的模糊状态，导致了外部经济或不经济。从这种意义上而言，产权其本质也就是所有权的一种运动状态，它更适合于作为成本—收益分析的工具。所以，从制度演进的角度来说，对产权的分析显然更加具有可操作性。本书认为，产权是对特定"物"的包括其所有权归属在内的权利界定，所有权是产权权利束的核心。作为人类主要活动的经济交易离不开产权的清晰。而清晰的产权意味着资源或财富在经济活动的各个阶段都是有确定的所有权主体的。这种产权的动态关系就是产权基础。当所有权为个体所有时，可谓之个体意义下的产权基础；为集体所有时，可谓之集体意义下的产权基础。除了两者在所有权上的本质区别之外，在一个充分健全的市场经济体系中，二者相应的其他产权权利束则没有根本的区别，甚至可以说是一样的。这就为两种不同的产权基础提供了合作的可能性。

---

① E. G. Furubotn, S.Pejovich: *The Economics of Property Rights*, Ballinger. p.4.
② 参阅Y·巴泽尔：《产权的经济分析》，费方域、段毅才译，上海三联书店、上海人民出版社，1997年版，第4页。

第四节 研究内容

本书的主要研究内容包括以下四个方面：

一、中国特色社会主义文化竞争力的产权基础与社会主义核心价值观及中国梦的关系

文化作为一种社会现象乃是产权安排和人性客观存在的综合反映，甚或是这种客观存在本身。文化与产权的关系既可以从马克思主义经济基础决定上层建筑的论断中获得，也可以从普遍意义上文化在不同阶层中的异质性的角度得到各种理论和直觉性的说明。文化固然体现于物质和精神两个方面，具有多元性和共性特征。但终究在人类社会，精神文化和文化的共性方面尤为重要的，其核心即互利合作。所谓文化竞争力，长期而言所体现的即某种文化对互利合作的实现程度。推崇个体主义的西方文化有利于竞争和创新，主张整体主义的中国文化则有利于互利合作。此乃文化多元性的必然。前者符合个体意义下的人性自利取向，后者则符合社会意义上的人性互利需要。从这种文化基因看，社会主义以公有制为主体的产权安排更适合于中国，而个体主义从人性自利的自然合理范畴，逐步走向由资本主导的极端自利则是其选择私有制的必然。这种极端自利是对互利合作的否定，其文化竞争力不具有可持续性并最终走向霸权主义。因此，尽管资本作为联合生产的一种制度安排，不唯资本主义专有，社会主义同样需要，但如何限制极端自利则是人类社会面临的共同问题，究其根本，也是一个如何消除人性弱点和实现人的全面发展的问题。作为社会主义核心价值观的自由民主和公平正义，不仅是互利合作这一文化共性

的具体体现，还是中国梦的应有之义。所谓"道路自信、理论自信、制度自信、文化自信"也正是对社会主义产权基础上中国特色社会主义文化竞争力的自信。

二、所有制改革、城镇化和土地资本化过程中的产权安排与中国特色社会主义文化竞争力

自 20 世纪 80 年代开始以国企改革为核心的所有制改革，迄今形成了个体所有、集体所有、国家所有、混合所有等不同的所有制结构，它们都是中国特色社会主义市场经济不可或缺和平等的主体参与者。与此同时，为不同市场主体争取利益最大化的努力也不断地以各种方式出现并且渗透、引进和形塑着有利于自己的意识形态和文化支撑，并将其触角延伸到社会经济改革和发展的方方面面，其中尤以城镇化和土地资本化为甚。城镇化是产业升级和生产规模化的内在必然，涉及生产要素的有效流动。在市场主导资源配置的体制建构过程中，要素资本化尤其是土地资本化不仅是一个产权清晰的过程，同时也是一个巨额财富在不同市场主体之间重新分配的过程。我国城市和农村产权改革的非平衡，为资本和权力提供了巨大的寻租空间，在导致资本走向极端自利的同时，背离了社会主义核心价值观所要求的自由民主和公平正义，从而削弱甚至抛弃了互利合作这一文化竞争力内核。因此，消除城乡差距的首要在于构建一个城乡同等权利的产权平台，其次才是如何发挥资本和市场优势。城镇化是一个系统过程，是农村建设和城市建设的结合体，关涉社会主义核心价值观能否具体落实和中国梦的实现。人的和谐是社会和谐的基础，社会和谐必然要求共同富裕。城镇化和土地资本化并非简单的要素市场化过程，更是一个为人的全面发展和自我实现建构平等产权和财富基础的过程。创新

源于竞争，竞争乃自由之必然，但自由之保证在于互利。所有制改革、城镇化和土地资本化必须坚持以公有制为主体的社会主义产权基础，在充分发挥资本和民营化优势的同时，防止其走向极端自利。这也是实现城乡平衡发展、生态和谐、人的和谐直至社会和谐，保有和提升中国特色社会主义互利合作文化竞争力的必由之路。

三、文化创新视域下的制度和管理创新与中国特色社会主义文化竞争力的体制保证

社会主义核心价值观和中国梦作为先进文化，其竞争力有赖于文化创新。这种创新根植于大众并最终体现在具体的制度和管理创新上。承认劳动主体的自利自然性，充分发挥其创造性，是实现人的全面发展的基础；用社会主义核心价值观改造和消除人性弱点，培育公民、员工、企业家和公务人员责任则是实现互利合作的关键。中华民族的伟大复兴，首先是作为个体的人的"精神复兴"和自我实现，作为文化共性的互利合作则不仅是个体自我实现的手段，更是其结果。资本和私有制相结合主导下的经济体制在文化竞争力上是不可持续的，是人的全面发展所需要的和平发展与大同世界的制度障碍。同样，对以公有制为主体的社会主义市场经济体制的不断完善和创新，就是要充分发挥资本优势和劳动个体的创造性。政治体制要确保对普遍互利合作的坚守，防止资本借由经济领域对政治的渗透甚至主导。无论是政府管理还是社会管理，核心在于厘清市场、政府、社会和个体之间的权利和责任，通过管理创新，最大限度地发挥以市场为基础的互利合作框架下资本优势和个体创造性，从而为中华民族的伟大复兴和不断提升中国特色社会主义文化竞争力提供坚实的制度和管理保证。

四、基于以上分析的现实考察

根据对中国特色社会主义文化竞争力与社会主义核心价值观以及中国梦内在关系的分析，本书拟选取中国国内如反贫困战略、乡村振兴战略、区域发展战略和"一带一路"倡议等社会经济发展的典型案例，以及施行资本主义的地区和国家发生的如英国脱欧、美国特朗普政府的不断"退群"等反映其内部深层次问题的现实案例，挖掘和考察不同产权基础和价值观取向对于个体自利和互利合作的影响，通过对两种体制下文化竞争力的不同现实表现和发展趋向的分析，进一步揭示中国特色社会主义文化的优越性和强大的竞争力。

本书的重点在于对文化与产权基础二者关系，以及中国特色社会主义文化竞争力与社会主义核心价值观、中国梦的内在关系的理论分析。难点在于如何判断分析伴随所有制改革、城镇化与土地资本化过程的产权结构变化对中国特色社会主义文化竞争力的影响，如何借由制度和管理创新实现对中国特色社会主义文化竞争力的有效管控和体制保证，同样，案例考察的难点也在于此。

第五节　创新与不足

一、创　新

（一）理论创新

本书的理论创新主要有以下五点：（1）尝试分析了文化与产权基础的关系，认为文化竞争力长期而言所体现的即某种文化对互利合作的实现程度，并从这一视角论证了以社会主义核心价值观与中国梦为内涵的中国特色社会主义文化竞争力的优越性和可持续性；（2）认为保有和提升中国特色社会主义文化竞争力必须坚持以公有制为主体的社会主义产权基础；（3）认为中华民族的伟大复兴首先是作为个体的人的"精神复兴"和自我实现，所有制改革、城镇化和土地资本化应该是一个为人的全面发展和自我实现建构平等产权和财富基础的过程；（4）认为资本是一种联合生产的制度安排，同为资本主义和社会主义需要。但从文化竞争力的可持续性看，体制创新尤其是政治体制创新必须确保对普遍互利合作的坚守，防止资本的渗透甚至主导；（5）尝试判断考察伴随所有制改革、城镇化与土地资本化过程的产权结构变化对中国特色社会主义文化竞争力的影响。

（二）方法创新

本书以文化与产权基础的关系分析为理论切入点，尝试从理论分析、应用分析、制度分析、中微观分析以及案例研究等多个层面，对所有制改革、城镇化、土地资本化引致的产权结构变化，以及对以社会主义核心价值观和中国梦为内涵的中国特色社会主义文化竞争力的影响，进行全面深入的研究。本书选取国内外社会经济政治发展的一些典型案例，通过对不同体制下文化竞争力的不同现实表现和发展趋向的分析，进一步揭示了中国特色社会主义文化的优越性和强大的竞争力。

二、不 足

本书对文化、产权基础和文化竞争力等核心概念的界定都是我们自己深入思考的结果，其合理性和准确性还需要更多的思考论证；本书的研究过多地使用了抽象思维方法，尽管与所研究的问题本身有关，但也是一个需要改进的问题；本书虽然进行了案例考察比较，但其结果显然还是建立在对事实的归纳和演绎基础上的，如何基于统计数据的规律性描述探寻文化与产权基础之间的关系仍然是一个巨大的挑战。

第一章　文化与产权基础的关系辨析

第一节　引　言

从引论中可以看到，尽管国内外学术界对文化和产权安排各自的研究都很广泛和深入，但对二者关系的研究仍然基本停留在"经济决定论""文化的能动性"和马克思主义关于经济基础决定上层建筑理论的大框架等几个方面。而绝大部分秉持文化和产权安排或产权基础"无关"或"甚少关联"的研究者，只要仔细审视其所指涉的文化内涵，就总是能够得到其一定程度的合理性，也总是能够找到二者之间"隐藏的关系"的蛛丝马迹。这些理论或学术的争论大多不涉及本质的价值观判断，而与各自对文化概念的不同界定或理解相关。

在本书的研究中，文化和产权基础之间显然存在着紧密的关系。马克思主义关于经济基础与上层建筑辩证关系的理论解释是本书研究这一问题的一个大的框架。文化既然属于上层建筑的一个必然的组成部分，就与作为经济基础组成要件的产权基础有着不可分割的关系。因此，所谓经济对文化的基础性或者决定性影响，还是文化借由能动性对经济的反作用，都是马克思主义理论视野中的应有之义。那么，本书又如何对文化和产权基础之间的关系，做不同视角的研究呢？显然，这是一个极大的挑战。实际上，经济基础和上层建筑的关系涵括的宏大命题以及马克思主义揭示的社会发展规律，使得文化作为重要研究对象的意义并不显著，甚至正如诸多论者所言，在马克思主义的经典著作中几乎没有专门论及这一问题。所谓"经济决定论""文化能动性"也仅仅是后继者借由文化作为上层建筑的一部分而对马克思主义理论的自觉应用，是对经济基础与上层建筑辩证关系理论不同向度的具体化。从这个学术径向看，本书对文化与产权基础关系的研究尽管从广度和深度上有了进一步的拓展，但所要探寻和论证的仍然是产权基础如何影响甚至决定文化的养成、取向和结果导向等的问题，其反作用或能动性自不待言。

基于此，本书先要做的是对"文化"的破题。我们无法全面掌握浩如烟海的文献资料，但从现有的关于"文化"的研究回溯中可以看到，文化几乎涵盖了一切，而这"一切"都是围绕着"人"发生的。政治、经济、社会等大的领域，文化存在是一种必然；精神和物质的二元分类，相对应地也有各自的文化属性；不同地域、不同制度、不同发展阶段、不同国家和种族等，也都有各异的文化。文化好像无处不在，成了人及人之社会竞争与合作的"润滑剂"，甚至是"发展"抑或"倒退"的原动力。但文化到底在哪里？却并没有一种看得见摸得着的代表性的具象。这正是文化的特性和魅力所在，也正是彰显文化生命力的多元性所在。那么，如何在文化的差异性中寻找共性？文化的共性到底是什么？要回答这些问题显然不是一件轻松的事。本书认为，文化无论多么复杂和异彩纷呈，在理论研究和实践中无论有多少争拗和版本，都不可否认文化乃人及人之社会的产物，其共性也只能从这个基本的出发点去找。既然回到了"人"本身，自然而然的问题就是人为什么需要文化？或者说，是人创造了文化还是文化塑造了人？这些外在于人的文化甚或包括人本身的文化与自然和人之社会的关系是什么？文化对于人及人之社会的意义是什么？什么是一种合意的度量？

其次，本书要做的是对产权基础的进一步思考。产权作为制度经济学和法经济学的主要研究对象，其重要性不言而喻。用马克思主义理论来解释，产权基础或者说产权安排是经济基础的核心组成部分。当然，马克思主义理论更关注的是产权中的所有权和剩余索取权问题，是一个对财富或生产（消费）资料事前和事后分配的问题，凸显的是对起点和结果的公平性的思考。而新制度经济学则更关注的是产权视域下的经营权、使用权和处置权等，彰显的是效率的重要性，起点和结果则变成了一个既在的前提。仅仅从产权基础本身而言，好像看不到其与文化相关的蛛丝马迹，但这显然是与马克思主义基本原理相悖的，也给本书的研究提出了挑战。当然，这仅仅是从孤立或者割裂的角度分析问题的一个必然现象。当我们仍然开始思考如产权等制度安排为何发生时，人作为主体甚至客体的出现，就使得前述看似相悖的问题迎刃而解。至此，人及人之社会就成了文化和产权之所以产生、为什么服务以及存在什么共性和特性等所有问题的唯一源头。

最后，再回到文化与产权基础的关系，我们就会发现，看似风马牛不相及的两个范畴，由于其共同"创造者""人"的出现，变得有迹可循甚至紧密起来了。我们的问题是，不同的产权安排是否会有不同的文化？或者说，不同的产权安排是否会影响甚至决定人对文化的认知和选择？在文化的诸多面相中，哪些更容易或者必然会受到产权基础的制约？文化的反作用，其积极性和消极性对一种产权安排的形成和变迁意义何在？诸如此类的问题会一直延伸下去，也在某种程度上反映出文化问题本身及其与产权基础关系的复杂性。我们需要尽量避免对问题的泛化，那样就会淹没文化与产权基础关系的本质，从而找不到对现实的合理解释和对未来的主动设计。

第二节　文化的同质性和异质性

从大类来看，文化的精神和物质范畴，不仅表达的是两种完全不同的文化存在，就物质而言我们还是能够实实在在触摸和看得见的。我们可以将精神文化具象为某一具体的事物，从而将人的文化偏好显示于看得见的物质。同样，物质文化也不同程度地表达了人对精神文化的某种诉求。因此，精神文化和物质文化并非两个完全无关的领域，而是你中有我、我中有你的紧密关系。这种紧密关系是由其共同的创作者和需求者——"人"决定的。可以说，文化既因"人"而同，又因"人"而异。"人"的多样性决定了文化的多样性，而"人心相通"在某种程度上则必然要求文化的同质性。进而，我们可以得到的一个结论是，文化是人及人之社会的产物，具有显著的社会属性。从这个角度理解，文化并不属于人之个体或者超越了人的个体属性，具有族群、国家和或大或小的地域属性。

正如引论中所列的关于文化的诸多概念显示的，文化是一个十分广泛的客观存在，几乎无处不在。就个体而言，无论是其漫长的一生还是短暂的一天，都无时无刻不处于文化的"包围"或者"浸透"之中。更夸张地讲，人本身也随着社会变迁成了文化的一部分，或者至少是某种文化的承载者。从文化最普遍的生活实践层面看，作为个体基本需求的衣食住行等日常活动，也都有相应的服饰文化、饮食文化、建筑文化和商旅文化等与之相随相伴。这里的每一种文化都有非常丰富复杂的内容。不同的社会发展阶段、不同的族群和国家、不同的环境和技术条件，甚至作为文化组成部分或者对文化有重要形塑作用的不同宗教信仰等，都对这些基本生活实践层面的文化的形成、变迁、扬弃和融合等有着重要的影响。

可见，所谓文化的同质性，首先是基于人的文化，为人所创造和需求并服务于人；其次是具有社会属性的文化，与自然不同，文化是伴随人之社会的演化形成而出现的，不仅是社会的产物，还会促成社会的形成；再次，文化涉及人之社会的方方面面，具有被动性和主动性、无意识和有意识、先进性和落后性等诸多特性，既可能有益于社会发展和社会管理，也可能禁锢人的开放性和创造性；最后，文化作为上层建筑的重要组成部分，既有处于外围，与意识形态关联不大的，比如生活层面的饮食文化、服饰文化等；又有与意识形态关系紧密，处于核心圈层的，比如政治文化和经济文化等。而所谓文化的异质性，就不仅表现在社会实践中所呈现出的各种不同范畴和领域的文化，比如从大的方面看，有政治文化、经济文化、社会文化、城市文化和农村文化等，从小的方面看，有家庭文化、社区文化、企业文化等，还表现在不同族群、国家和宗教等所拥有的差异性极大的文化，比如东方文化和西方文化、北方文化和南方文化、汉族文化和回族文化、佛教文化和基督教文化等。从文化的整体性上讲，同质性和异质性是文化的正反面，是矛盾统一体。研究文化问题，不仅要深刻理解其同质性，还要深入把握其异质性。只有如此，才能窥其堂奥，晓其本质。

从地理和政治经济的视角看，东方文化和西方文化是两种有着显著差异性的文化。西方文化尤其在资本主义兴起后，伴随着现代化的过程和基督教的传播，形成韦伯所谓的"新教伦理和资本主义的精神"，在哲学上推崇的是个体主义，在经济上追求的是效用或利润最大化，在政治上奉行的是权力制衡。东方文化，主要是以儒家文化为代表的亚洲或泛亚文化，在哲学上推崇的是整体主义或集体主义，在经济上偏向于"共富"或"共享"的"互利主义"，在政治上推行"中央集权"和对"自由民主"现实和灵活有效的做法。这是当下人类社会发展进程中的两大文化分野，是文化异质性在世界范围内的一个集中和最大体现。就客观存在而言，没有孰优孰劣的问题，只有未来是否走向极端的问题。这也就是文化的互补性需要。

可见，承认文化异质性的客观现实，以文化批评的态度怀有文化自信，以开放学习的精神研究尊重不同的文化形态，是文化交流互鉴的必由之道。

第三节　文化谱系的核心—外围假说及文化之所以发生的一种解释

尽管文化有诸多面相，存在于人类社会的方方面面，有衣、食、住、行等与每个人息息相关的生活层面的，有艺术、绘画、雕塑、音乐等精神创造层面的，还有政治、经济、外交、军事等国家体制层面的；有城市文化，也有农村文化；有大众文化，也有精英文化；凡此种种，不一而足。但总体而言，如果将这些种类繁多的文化罗列出来，就可以发现隐藏其中的规律。也许对于个体来说，不同的文化相对于他（她）其权重可能千差万别，我们也许很难得到一个基于个体统计学意义上对不同文化重要性的排序。但就人之社会而言，如果将价值观抑或意识形态作为一种向度，将能否交易或者交易的便利性作为另一种考量标准，我们就基本可以将各类不同的文化由里及外排列成核心—外围式的文化圈层，处于核心的是政治文化和经济文化，其次是哲学、历史、宗教、人文、艺术等领域的文化，而处于文化圈层外围的应该是饮食文化、服饰文化、建筑文化，以及进入市场用来交易的众多文化产品等。

实际上，上述的文化圈层的核心—外围假说仅仅是一定范围（比如一个国家或一个政治实体）内各种文化基于意识形态谱系的一种大概排序，目标不同，可能就会有各种不同的排序。但是，从资源或者权力的影响力度来看，政治权力和经济权力显然是人之社会两种最直接和有决定性的力量。尽管处于外围圈层的文化从时间的纵深和连续性上对核心圈层的文化有一定的甚至较强的影响力和反作用，但归根结底，在一定的时期内，核心圈层的文化总是处于显著的主导地位，要求和形塑着有利于自己的外围文化。从全球范围看，从文化的视角，这种类似的核心—外围现象也是实实在在存在着的。从冷战时期的双核心（以苏联和以美国为各自核心的东西方两大阵营）到苏联解体后美国成为单独的核心，再到今天的多核心（实际上，从本质上讲，仍然是以美国和以中国为核心的双核心，只不过西方社会分化出了如欧盟这样的相对独立的"核心"等），起决定作用的——处于核心的仍然是政治和经济两大文化圈层。而且，从苏联的解体可以看到，政治和经济是紧密结合的，二者都要有强大的生命力和适应性，缺一不可。另外，尤其要关注的是，不同核心圈层的文化至少有三种方式实现对对方的攻击，其一就是通过对对方外围文化圈层的渗透逐渐影响和反作用于核心文化，从而由量变到质变，实现对对方政治和经济圈层的颠覆，此可谓之渐进主义；其二就是直接从对方的核心文化圈层下手，比如发动战争、培养代理人等，通过外力和强力实现对对方核心文化圈层的颠覆，此可谓之激进主义；其三就是两种方式的结合使用，可谓之混合主义。具体到一个国家，深刻理解和把握文化圈层中的核心和外围关系，主动适应和对外围文化进行干预是核心文化圈层的应有之义。当然，这种合理性首先建立在核心文化圈层自身的优秀与否！

需要进一步解释的是，为什么在文化圈层论中，政治文化和经济文化处于核心位置，既是其他文化的基础，又主导着其他文化？单就独立的个体来讲，任何意义的文化都是不存在的。正如前文所述，文化是一个社会化的概念，是人类在社会实践中所产生的。从个体走向群体，从对资源的独享到共享，就必然会出现如何合作和分配共同劳动成果的问题。尤其面对资源稀缺的普遍性难题，如何高效地获取生活资料和生产资料成了人类社会面临的首要问题。这就是马斯洛所谓的"基本的生理需要"，人活着就必须有足够的食物，要获得食物就必须劳动和学会与他人合作，而生活资料的获得又必需一定比例的生产资料，可见，经济是伴随着人的基本需求出现的。正因为是基本的，也就是必需的，从而先天地决定了经济的核心地位。同样，随着人之社会的出现，面对由于稀缺性导致的对秩序的需要，一个与资源分配紧密联系的全新范畴出现了，那就是政治。通俗一点讲，政治就是如何占有蛋糕和如何分配蛋糕的"艺术"。而用孙中山先生的话讲，"政者，民事也"，政治也就是对老百姓所关心事务，或者说对与老百姓利益息息相关的事务的管理或治理。从这个角度看，原初决定经济为核心的基本需求显然是与老百姓利益息息相关的，解决之道既在于经济，同样也离不开政治。这里所谓的"基本需求"实际上是一个随着社会经济发展阶段不断变化丰富的概念，也是一个与人的欲望息息相关的概念，这一切都在不断地推进着经济向前向高向优发展，同样，政治文化也在不断地丰富变化之中。但总体上，处于核心文化圈层的政治和经济还是相对稳定的。

在以上关于文化圈层的核心—外围假说的描述中，我们实际上已经触摸到了文化之所以发生的问题。对于人类社会发展进程中的个体和集体而言，文化已经先于其存在了。这种既在的文化培育熏陶了特定文化范式的人及其社会组织，并在人的创造性过程中将这种既在的文化进一步发扬光大了。正如前文所言，文化应人之需求而产生，是个体走向集体、族群走向国家以及不同主体交往和交易的必然要求。这种必然要求有的为约定俗成甚至上升为规则制度，有的不具有约束性但能够增加合作成功的概率。总之，看似关系不太紧密的各种文化，究其根本都是为"人"服务的。只不过服务的对象在特殊性和普遍性上有区分，这些取决于处于文化核心圈层的政治文化和经济文化。如果再回到源头上思考，从母系到父系再到家庭，不用基于复杂并且尚存争议的历史考古，我们知道的是，人类社会一切复杂的组织形式都来源于这些最基本的被称作氏族基因的单元。在这个单元中，繁衍和生存是第一位的，尽管这里的繁衍更多是一种自然本能，但同样是自然本能的母爱成了子女得以生存的最大保障。因此，面对残酷的生存环境，基于母爱的氏族单元就必然有了共享、互助和护幼等最原始的文化形成。这种发自本源的互助友爱实际上是各种文化绵延发展的基本出发点，只不过随着人之社会的异化，文化所具有的普遍意义上的爱也被异化了，成了为某个阶层或组织服务的具有鲜明指向性的上层建筑的一部分。

第四节　个体和集体意义下的产权基础

产权是一个多学科使用的概念，对于经济学来说，产权作为对经济资源所有权、使用权、经营权、处置权和剩余索取权等的清晰界定依据，研究的是如何激励相关经济主体高效使用有限资源的问题。对于法学来说，产权所界定的权利边界都需要从经济实践借由立法而转化为法律规定，换言之，产权本身就是由法律来界定的。对于社会学来说，有限资源以产权形式在不同人群之间的分配，可能直接呈现的是不同利益群体之间的竞合关系，也可能相应催生有利于各自利益群体的文化观。对于政治学来说，产权更是形成其公共权力的基础架构，产权既规定了政治初始面对的经济前提，也借由政治权力获得有利于产权主体的交易份额。当然，这些仅仅是从不同领域看待产权问题时所呈现的同一问题的不同侧面。从本质上来说，产权更多的是一系列法律规定，其目的在于对稀缺资源的符合效率的使用。产权本身是中性的，不存在价值判断和意识形态的问题。因此，任何社会形态，只要存在着资源稀缺的问题，就有必要借鉴经济学意义上产权的合理性。

　　如果说产权是一个学术概念的话，产权基础就是一个关于资源或者财富归宿的客观存在。我们既可以有以私人（个体）所有权为主导的产权权利束，也可以有以全民（集体）所有权为主导的产权权利束。概括而言，前者可谓私有制，后者可谓公有制。这两种看似截然相反的所有制形式，在人类社会、政治、经济不断变革实践的今天，已经有了交互发展的可能性。但显然，本书所谓的产权基础基于所有制却又超越了所有制的传统范畴，是一个更偏向于运动的形态。进一步讲，当所有权既定时，使用权、经营权、处置权和剩余索取权等都是能够依据一定规则灵活把握的。也就是说，产权基础能够给个体或集体提供更多的可能性。就个体而言，无论是私有制还是公有制，经济主体都可以对不同的产权权利束进行基于市场的选择。这个经济主体既可以是个体，也可以是集体（全民）的代理者。当然，归根结底，正如所有权是产权权利束的核心，产权基础也是以所有权为核心的。也就是说，尽管使用权、经营权、处置权以及剩余索取权等权利束在市场机制下不会也不应该受限于个体和集体的分野，但就生产的前提和分配结果来看，这种区分还是必然和必要的。换言之，在充分完善的市场条件下，尽管个体和集体意义下的所有权是不同的，但其他产权权利束则是相同的。这也就为个体和集体不同分野的所有权提供了理论依据，创造了合作的广阔前景。

　　另外，个体意义下的产权基础给了个体与当时的社会经济发展水平相适应的有质量的生活水平条件，不仅保障了个体生理和安全等低端的需求，还从物质条件的意义上有助于个体满足被尊重和自我实现的需求。这是一个文明和现代化的社会对其公民个体应有的承诺和保障。同样，在一个法制健全和充分完善的市场交易系统中，个体意义下的产权基础也给了个体创造和增大财富的激励和自由，有助于稀缺的潜藏于众多个体中的企业家精神资源的挖掘和释放。与个体意义下的产权基础比较，同样是基于市场原则，集体意义下的产权基础的核心即在于无论是交易前还是交易后，所有权都归属于集体。我们不去讨论这个复杂过程中被理论界反复论证和批评的代理问题（实际上，个体意义下的产权基础领域也普遍存在代理问题），一个显见的事实是，集体意义下的产权基础更有助于宏观和长期决策，也更有助于克服普遍存在的公共选择难题。

第五节　围绕"人"的文化与产权基础及其本质关系

正如前文中论述的，文化是为人所创造，为人所需求，为人所服务，是人之社会化的产物，文化的一个显著特征就是其社会性。个体可以或者应该是文化的传承者和创造者，但没有属于任何单独个体意义下的文化。只有当一个个个体汇聚成族群、社会、国家、城市、农村和社区等形态时，文化才得以出现。因此，人既是文化的来源之一（如果将自然看作另一个来源的话），又是文化的手段和目的，而人之社会则是文化的土壤。可见，如果不考虑文化的物质层面（实际上，当物质转向物质文化时，也就意味着人已经将自己的审美施加到了物质之上），文化更多是在人的互动交流（交易）过程中出现的，是对各种人际关系的一种正式或非正式的规范。正式的可以上升为法律法规、制度设计和组织建设等，非正式的可以转化为习俗、惯例和认同感等。再来看产权基础，简单而言，其所规定的就是资源或财富的所有权主体及其产权权利束的客观存在和运动形态等，对于个体，产权基础不仅提供了其作为社会成员的必要物质条件，还保证了其参与交易的客观内容。就诸多交易形式中最主要的市场交易而言，公平、平等、诚信和等价等观念就会逐渐成为一种交易文化并在长期的博弈中被参与交易的个体广泛遵循。如果把个体之间的互动关系主要看作是一种市场交易关系的话，那么界定其交易标的物的产权基础就显得尤为重要，因为产权清晰是现代市场交易的基础要件。可见，文化发端于人与人之间的交流（交易）互动，产权基础则决定了人与人之间交流（交易）互动的客观内容。没有产权基础，就很难有人际之间的正常交流（交易）互动，文化也就不会出现。从集体意义的产权基础来看，除了所有权主体的不同，其他的产权权利束在市场机制下与个体意义的产权基础没有根本的区别，都必须遵守普遍的市场法则。

从文化圈层的核心—外围假说来看，文化与产权基础的关系也可以从处于文化核心圈层的政治文化和经济文化本身及其相互间的关系加以验证分析。因为所谓政治文化和经济文化首先是用文化的视角看待政治和经济的一种客观呈现，其次是政治经济与文化的相互影响、决定和作用等的因果关系的挖掘，最后才是二者之间的关联以及不同政治文化和经济文化之间的比较等。对于经济和政治的关系，马克思主义关于经济基础与上层建筑作用和反作用的理论还是最有说服力的。在现代产业体系和市场机制下，经济活动基本可以涵盖人类财富创造和交换流通过程中基于市场的所有活动，而产权基础又是经济活动的基础，决定着经济活动的效率高低。政治首先是超越个体并且对个体行为加以规范的，它更多关注的是集体或者公共利益。个体和集体意义下的产权基础，个体利益和公共利益之间的矛盾，决定了政治可能客观存在的不同形态。既然经济活动成了人之社会创造财富的主要活动，政治也就自然而然地适应、制约和服务于这一活动。尤其在个体意义的产权基础上，政治作为"分配蛋糕的艺术"被过度引入适合于经济交易的类似于市场竞争的机制，从而使其为公共利益存在的价值大打折扣。经济与政治的相互关系，也决定了经济文化和政治文化之间的相互关系，因为无论是经济活动还是政治活动，都是具体或抽象的人的活动，对这些活动正式或非正式的规范就会形成和遵循相应的文化。用之经济，则为经济文化；用之政治，则为政治文化。而产权基础作为经济基础的核心，尽管不是经济活动本身，但决定了相应经济活动的特殊形态。这种"特殊形态"的内涵体现的正是相应的文化。同样，从前述文化圈层从核心向外围的递进和延伸之中，我们也探讨了处于不同位置各种类型文化之间的关系，通过回溯，我们总能够找到它们各自与处于核心圈层的经济文化、政治文化之间或近或远的关系。再进一步讲，产权基础不仅紧密影响和决定着政治文化和经济文化，还影响甚至主导着处于不同圈层的文化，并通过文化的能动性系统化地为自身服务。

那么，个体和集体意义下的产权基础会有各自什么样的文化？它们是如何发生、发展和变迁的？它们的共性和差异性何在？二者能够取长补短吗？对诸如此类问题的思考都是极富挑战的。一个可能的切入点是，这些问题的解决方案都与关于人性的假定息息相关。人是自利的，在自然状态中，人的自保自爱是个体存在的本能反应，自利仅仅是个体在社会场域中对这种自然本能的延伸。在一个合理的限度内，个体的自利是无可厚非的。因此，个体意义下的产权基础，不过是自利在财富占有过程中的一种物化表现。任何活动尤其是经济活动，对个体而言获取剩余索取权、赚取更多的利润就成了一种必然。这也就是西方经济学所谓消费者对效用最大化和厂商对利润最大化的追求。个体"节俭"是为了获得更多的财富，但这种资本主义精神又必然与"贪婪性"紧密结合在一起。在长期中就会导致财富在个体间的不均衡分配并且使得这种人际间的财富鸿沟不断加速拉大，即使这一趋势和结果是通过市场机制发生的，也无法为由此带来的不可调和的社会经济矛盾完全正名，反而揭示了市场机制也许是一个好的创造财富的制度设计，但并非实现人际间财富相对公平分配的有效途径。尤其当个体意义下的产权基础获取政治权力并主导政治权力之后，就会将有利于自己的经济文化和政治文化作为核心文化，并有意识地影响、干预和构建有利于自身的外围文化圈层。这时候，合理限度的自利就有可能走向具有吞噬性的极端自利，文化也随之变得极具侵略性。而"弱者恒弱，强者恒强"成了"自然而然"的事，人之社会好像又倒退回"丛林"时代。因此，集体意义下的产权基础是对走向极端自利的个体意义下的产权基础的反正和制衡，是对基于个体合作才产生的人之社会这一本质的廓清和恢复，公正、平等、共享、共赢和互利合作等不仅是经济文化的主要内容，还影响着基于集体意义的产权基础之上的政治文化的主导方向，并通过政治权力将其转化为制度或法律法规，从而消除或减少由于过度依赖市场机制而带来的负面性。当然，物极则必反，这不仅是自然规律，也是社会规律。集体意义下的产权基础及其文化圈层，基于个体自利的自然性，也难以避免地会出现敷衍、拖沓、推诿、消极、贪腐、机会主义和官僚主义等负面现象，这些也都可以通过主流文化的对立面表现出来。尤其是，人浮于事和效率低下成了常态。因此，在一个合理的限度内充分释放个体的自利倾向，将竞争重新引入无论个体还是集体追求和创造财富的活动中去，是一个必然和理性的选择。同样地，在一个多元的产权基础框架内，文化也必然呈现出多元性，是相互包容和取长补短的结果。

第六节　小　结

综上所述，我们对文化与产权基础的关系做几点简要的总结，主要有两个目的：一是通过回顾总结进一步明细相关概念和观点；二是为接下来的研究提供可能拓展和细化的方向。

关于文化。文化是一个社会范畴，是个体与个体、个体与群体、群体与群体之间交流互动所形成的被普遍认可或遵守的正式或非正式规范。文化为人所创造和需求，并为人所服务，文化的共性和差异性也正源于人的共性和异质性。文化的复杂和多元，使得文化圈层的核心—外围假说有了较强的说服力，尤其是处于核心圈层的政治文化和经济文化，其主导性在一个资源稀缺和面临选择的系统中是很难动摇的。而文化之所以发生正如人之社会之所以形成，其原动力都是一样的。这也进一步印证了文化的社会属性。从这个角度看，如果没有脱离社会的人，也就没有脱离文化的人，足见文化对于个体成长的重要性。

关于产权基础。产权是对特定"物"的包括其所有权归属在内的权利界定，所有权是产权权利束的核心。作为人类主要活动的经济交易离不开产权的清晰。而清晰的产权意味着资源或财富在经济活动的各个阶段都是有确定的所有权主体的。这种产权的动态关系就是产权基础。当所有权为个体所有时，可谓之个体意义下的产权基础；为集体所有时，可谓之集体意义下的产权基础。除了二者在所有权上的本质区别，在一个充分健全的市场经济体系中，二者相应的其他产权权利束则没有根本的区别甚至可以说是一样的。这就为两种不同的产权基础提供了合作的可能性。

关于文化与产权基础的关系。作为上层建筑组成部分的文化和经济基础核心要件的产权基础，其相互关系同样遵循马克思主义关于经济基础与上层建筑作用与反作用关系的理论阐释。文化与产权基础的交集在"人"，文化产生于人际交流互动并激励或规范着人际交流互动，而产权基础则决定了人际交流互动的条件、形式、内容和目的等。没有产权基础，就很难有人际之间正常的交流互动，也就不会有文化的产生。由于不同所有权主体下的产权基础对自利和互利、个体利益和公共利益等的诉求不同，因此其行动（政治的或经济的）也就具有很大的差异性，并进而对文化的产生、干预和主导方向也存在着显著的不同。在实践中，个体意义下的产权基础和集体意义下的产权基础都有着各自的文化体系，其差异性首先体现在处于文化圈层核心的经济文化和政治文化上，其次才是向文化圈层外围的延伸和拓展，并最后形成一整套有利于自身的复杂却又主次分工明确的文化体系。

第三章 文化竞争力的本质：社会主义核心价值观的养成与中国梦的实现

第一节 引 言

由于对文化理解的不同，人们对文化竞争力的认识也就存在着各种不同的解释。通常意义上，理论界和实践中更多是从文化产业和文化产品的角度认识文化竞争力，甚至将文化竞争力等同于能够满足人们精神需求和娱乐休闲需求等借由市场机制或公共服务平台提供的商品或服务的竞争力。这显然是对文化竞争力过于狭隘的理解。诚然，能够通过市场或公共服务提供的文化产品或服务等是文化竞争力的一个显著体现，但在本书所考察的文化圈层中，它们仅仅属于外围文化，远非文化的全部，更非文化竞争力的全部。

文化竞争力应该是整个文化体系的综合力量，处于文化圈层核心的政治文化和经济文化是一个国家或政治经济体文化竞争力的基础和决定因素以及主要构成部分，并影响和干预着文化圈层中其他的各种文化。基于文化与产权基础的相互关系，个体和集体意义下的产权基础所对应的文化异质性也意味着其各自文化竞争力的不同。文化竞争力应该是一个长期的、与人及人之社会的目标相一致的范畴，能够唤起人的主动接受欲望，这就需要文化具有利他和互利的基因特征，其竞争力才是可持续的。社会主义核心价值观所体现的正是利他和互利的精神，无论从国家层面、社会层面还是个体公民层面，中国特色社会主义的文化所要或必须体现的就是社会主义核心价值观，中国梦则是社会主义核心价值观养成和中国特色社会主义文化竞争力大放异彩过程中一个必然和阶段性的成果。

对个体意义和集体意义下的产权基础所对应的文化竞争力的深入剖析，有助于我们厘清文化竞争力的本质。这一本质基于对人性的把握和对人性假定的扬弃，以及产权基础之于人的文化意义。社会主义核心价值观不是空想和杜撰出来的口号，而是需要具体地体现到中国特色社会主义的文化之中并且绽放出强大的生命力和竞争力。唯有如此，中国梦两个一百年目标的实现才有坚强的文化依托并最终走向人类大同的理想世界。因此，探讨社会主义核心价值观和中国梦与中国特色社会主义文化竞争力的内在关系，揭示文化竞争力的本质所在，在理论和实践两个方面都显得尤为重要。

第二节　个体和集体的产权基础及其
文化竞争力的异质性

结合第二章中我们关于产权基础的讨论，所有权主体的不同会主导和影响产权其他权利束的初始和运动状态，进而会影响人与人之间的互动交易并形成基于其上的文化形态。个体和集体的诉求不同，对产权基础的运用和目标要求也就不同，从而就会产生不同的经济文化和政治文化，也就会出现不同文化之间的竞争。

一、文化竞争力的结构

在文化圈层的核心—外围假说中，我们将文化根据其基础性、主导性、重要性和影响力程度等由核心向外围做大致的排列，处于核心的政治文化和经济文化对其他各种文化起着不同程度的主导和干预作用。像哲学、历史、文学、艺术、音乐、电影、新闻等被笼统冠以人文社科的学术门类，都属于上层建筑的重要组成部分，也代表着不同领域的文化。我们很难将其进行十分清晰和准确的排序，它们通常情况下处于一种交叉重叠的状态，是相互影响和交互发展的。在文化圈层中，它们以不同的形态分布在核心与边缘之间，我们可以称之为文化圈层的神经网络，也就是马克思主义理论中的意识形态部分。那么，处于文化圈层外围的就是各种文化产业、文化产品、文化设施、文化服务等，它们是通过市场或公共服务提供的，用来满足人们的精神需求和休闲娱乐需要。从供给与需求的角度看，由于外围圈层的文化以产品和服务的形式满足于人们的需要，具有直接性和消费性，对人们的影响很大，因此反而在现实中显得更为重要。

相应地，文化竞争力也大致可以划分为三大板块，处于核心的是政治和经济文化竞争力，中间部分的是"神经网络"——意识形态文化竞争力，外围部分是文化产业、文化产品等的消费端文化竞争力。这三类文化竞争力并不是截然分开的，比如经济文化就贯穿于意识形态（如经济伦理、生态文明、可持续发展、科学发展等）和文化产业、文化产品等之中，并影响着其他圈层的文化竞争力；比如绘画、舞蹈、戏曲、文学、电影等不仅直接影响着文化产业、文化产品和文化服务等，而且有的本身就是其组成部分。政治和经济文化竞争力反映着一个政治经济体政治观念和经济理念的先进程度，用本书的思考来讲，也就是反映着政治和经济活动及其结果与利他和互利的一致程度，对其他两个板块或圈层的文化竞争力有着很大的影响甚至决定作用。同样，神经网络——意识形态文化竞争力反映着一个政治经济体在广义的人文社科领域的先进程度，以及其理论观点和艺术形象等是否有助于人的幸福感提升和有利于人与人之间互利合作的达成。处于外围的文化产业、文化产品和服务等的文化竞争力其直接表现就是对市场的适应能力和占有能力，由于文化消费的特殊性——消费过程同时是一个学习和反思的过程，对消费者的行为可能产生直接或潜移默化的影响并进而反作用于内部圈层的文化，因此，核心圈层的政治和经济文化从理论和实践上都需要关注、干预和培育外围圈层的文化竞争力。

二、个体产权基础下的文化竞争力

个体意义下的产权基础指资源或财富的所有权主体为个体，其产权权利束的运动形态也取决于个体的意志，个体的社会地位和政治身份也完全建立在这一产权基础上。当整体社会或一个政治经济体其经济制度主要以个体产权基础为主时，就是我们所谓的私有制的政治经济形态。其经济文化追求的是赢者通吃、利益最大化、个人财产的"神圣不可侵犯"等，对人性的假定基本上占主流的是"人是自私自利的"（人不为己，天诛地灭），因此，个体意义下的产权基础其经济文化与人性假定是一致的。而在同样的人性假定下，政治文化上推行立宪、分权、竞选等，实际上是用经济活动的方式治理属于公共领域的政治，在个体产权基础上这也是经济决定政治的必然。这种政治和经济都维护和崇尚竞争和利益最大化的文化，其竞争力就极易导致个体或抽象个体（党派或团体等）走向极端自利（如"美国优先"等）和非理性不合作（如党派之间为反对而反对、"拉布"等），从而使得"掠夺"和"穷兵黩武"变成一种常态，也可能使关系广大民众和整体社会利益的事项被无限期延宕。同样，处于中间圈层的神经网络——意识形态文化，整体上主要奉行的是个体主义、冲突主义、霸权主义、种族主义、零和思维、神秘主义等，尽管有不同的价值观和学术思想出现，但其主流意识形态与处于核心圈层的政治和经济文化总是保持一致的。因此，当它们结合在一起时，其竞争力就会以极富侵略性的方式表现出来（比如"全盘西化"、颠覆主权国家政权、培养代理人、各种形式的联盟尤其是政治和军事结盟、发动战争等）。个体意义下的产权基础，其文化圈层外围的文化产业、文化产品和服务等具有强大的市场竞争力，一个主要的原因即在于个体产权基础本身，因为这些外围文化圈层在现实中是由一个个基于市场竞争的个体产权组成的，长时期的"优胜劣汰"，成就了许多这一圈层的"百年老店"，树立了叫得响的"品牌效应"，也练就了一整套经得起市场检验的"经营管理技术"。但从其所推崇塑造的产品形象（艺术形象）和传递推广的思想观念来看，也仍然与核心文化圈层和中间文化圈层保持了极大的一致性。总体上，个人英雄主义（如好莱坞的许多"大片"）、反抗精神、消费主义（奢侈消费等）、享乐主义等成了定制和批量化生产的文化产品和服务等所提供给文化消费者的主要"精神享受"。

三、集体（全民）产权基础下的文化竞争力

与个体意义下的产权基础不同的是，集体（全民）意义下的产权基础指资源或财富所有权主体为集体（全民），尽管如前文中所论述的其产权权利束在市场体制下与个体意义下的产权权利束不存在太大的差别，但由于前提和结果取向的不同，两种产权基础所伴生的经济文化存在着显著的不同。如果整个社会或一个政治经济体所普遍实行的是集体（全民）意义下的以产权基础为核心的经济制度，那么我们就可谓之公有制的政治经济形态。相应地，处于文化圈层核心的经济文化所奉行的是集体主义、集中管理、按劳分配、敬业奉献、生态和谐、互利合作、可持续发展和共富等，政治文化推行的是中央集权（民主集中）、以人为本（为人民服务）、政治协商、依法治国、实践主义、群众路线、和平共处、反贪腐等。在具体的社会经济实践中，集体（全民）意义下的产权基础，其政治和经济文化有诸多相通和交集的地方，一个根本的原因即在于对资源或财富静态和动态的共同所有，使得一致行动（共同行动）无论在经济上还是政治上都变得可行并且必需。这种政治和经济文化其竞争力主要表现在政策的稳定性、长期战略的坚决执行和实现、集中力量办大事、政府行动的一致和迅速、区域平衡协调发展、独立自主的和平外交、强大的国防和军事力量等方面，具有整体性、宏观性、长期性、稳定性、行动力强等解决现代社会面对庞大公共领域诸多公共选择难题的天然优势和能力。同

样，处于文化圈层中间部分的神经网络——意识形态文化也主要服务于政治和经济文化，在内容和形式上都受到核心文化圈层的制约和规范，马克思主义理论等成了中间文化圈层的主要理论基础和指导原则，中华优秀传统文化中的集体主义思想等也被不断地挖掘和发扬光大，集体主义、反抗外部侵略、英勇不屈、自力更生、艰苦奋斗、勤俭节约、甘于牺牲和奉献、改革创新、人民公仆等成了文艺创作的主旋律。这些都是与以个体主义为价值观基础的文化截然不同的，其竞争力体现在长期性、整体性、和谐性等个体主义无法解决却又十分重要和必须解决的问题上。对集体（全民）意义下的产权基础而言，处于文化圈层外围的文化产业、文化产品和服务等由于产权安排的不同和引入市场机制的滞后等体制机制问题，在面对来自外部的竞争时还处于艰难的"幼稚期"。文化产品和服务等需要满足的是人的精神和休闲娱乐需求，在面对西方文化市场不断地开疆拓土和攻城略地，以及奢靡享乐主义和低级趣味文化大行其道的"严峻局面"时，是坐以待毙甘于同流合污？还是奋起抗争勇创自己的文化品牌？这不是仅仅依靠市场就能够完成的。仍然或必须发挥集体（全民）产权基础下集中力量办大事的优势，用足够灵活的体制机制，培育主流和规模化的文化品牌和文化产业，筑起和筑牢与核心文化圈层一致的相辅相成的文化阵地和文化长城，以兼容并蓄和"取其精华，去其糟粕"的态度吸收人类一切有益的文化养分为我所用，在学习、成长、创造和竞争中不断提升外围文化圈层的竞争力。

四、不同主体产权基础下的人性假定及其文化竞争力的差异和互补

正如前文所言，个体意义下的产权基础及以其为核心建构的文化

圈层，其文化基因或者价值观基础就是个体主义，由此生发的各类政治、经济活动的一个首要目标就是追求利益最大化，无论是与资本结合的个体还是政府（可以看作抽象的个体），其行为逻辑都是一样的。自利甚至自私被当成天经地义的，当其生根发芽并发展成一整套文化圈层体系时，就具有了难以想象的"侵略性"（一种裹挟放大人性"恶"的一面的"竞争力"）。尽管在短期内这种极少利他和互利成分的文化竞争力会帮助一个族群或者国家取得政治经济尤其经济上的显著成果，但面对人类整体资源短缺的硬性约束，这种"专门利己"的文化竞争力显然是不可持续的。因为其必然导致的是贫富差距的不断拉大以及发展中国家与发达国家之间鸿沟的不断加深。个体主义就个体的意义上是符合人的自然性的，自利在一定的限度内也是无可厚非的（可以看成是个体对自我生存和自爱在社会场域中的一种自然发展），但当其作为政治经济这种超越个体的整体范畴的文化基因时，其内在的矛盾性和与个体主义相伴而生的怀疑主义就可能或者必然导致公共选择难题的产生，这一点已经被"阿罗悖论"等反复证明。因此，看似极富"侵略性"的个体主义文化竞争力，在某一个规模化的节点就会对自身发展形成"反噬"，需要借鉴和引入集体主义文化的利他和互利基因加以反制。但是，从经济基础与上层建筑的论断来看，不从产权基础进行哪怕一定比例的"改造"，所谓借鉴也只能是治标不治本的"良好愿望"而已。

与个体主义和人性自利假定不同的是，集体（全民）意义下的产权基础及建立其上的文化圈层，将集体主义（整体主义）作为价值观基础，追求和培育人的利他取向，在政治经济活动中奉行互利原则和长期、整体、宏观和大局意识，有很强的计划性和执行力，有利于解决日益庞大的社会经济领域的公共选择难题。但其存在的主要问题是对人性自利假定合理性的否定，从而限制了个体基于自利的创造性和自主性，无法将市场机制的自我淘汰和激励功能充分释放出来，必然伴随着缘于人性和制度短缺的低效率陷阱。因此，在合理的限度内承认和激励人的自爱自利本能，引入并在充分完善的市场机制下让不同主体的产权基础展开竞争和合作，并在这一过程中引导和实现各自文化竞争力之间的优势互补，从而催生更丰富更灵活更健全的文化圈层结构，最大限度地提升个体的幸福感和整体社会的福利水平。

第三节　文化竞争力的本质及其与社会主义核心价值观的关系

一、文化竞争力的本质

本书认为，文化竞争力的本质应该体现在以下几个方面：一是这种竞争力是一个国家（政治经济体）整体软实力的重要组成部分，是一个整体、系统和宏大的范畴；二是这种竞争力的考察视角是长期的，能够被普遍接受认可和可持续的；三是这种竞争力能够激发和发扬光大个体对美和善的向往和追求，启迪和点亮人性的光辉，具有利他和互利的属性。

实际上，一个国家（政治经济体）的文化竞争力能否可持续主要取决于被普遍接受认可的程度，而后者又取决于该文化竞争力是否具有利他取向和互利内涵。因此，利他和互利才是一个国家（政治经济体）文化竞争力的本质，也是其灵魂。当然，利他和互利是以合理限度的自利为基础的，因为这种由生存意义上的自爱发展而来的自利是个体走向社会的自我存在和自我保护方式，是一种社会意义上的自然本能。换言之，没有自利，利他和互利就失去了交易的对象。但纯粹或极端的自利，又会使得利他和互利失去存在的空间。因此我们可以说，某种意义上，利他和互利是自利的高级阶段，是将自利限制在合理范围之内，防止其走向极端。我们在讲文化竞争力的时候，实际上是将个体这种合理限度的自利作为前提略而不提的。但这并不意味着它作为利他和互利的基础就不重要。在接下来的研究中，我们还会反复论及这一问题。

二、社会主义核心价值观是文化竞争力本质的体现[①]

从经济基础与上层建筑的关系看，随着作为经济基础核心的经济制度从公有制一统天下到公有制为主体多种所有制形式并存和共同发展，也就意味着个体意义下的产权基础和集体（全民）意义下的产权基础在一个政治经济体中是同时存在并处于相互竞合的关系之中的。而不同所有权主体下产权基础的多元化，也带来了基于其上的不同文化之间的竞争。这种竞争过去仅仅存在于社会主义国家和资本主义国家之间，现在也出现在了改革开放进程中的社会主义国家内部，甚至成了一个重要的竞争领域。因此，对于仍然奉行集体（全民）意义下产权基础为主导的改革中的社会主义国家来说，就会同时面临来自外

[①] 本节相关文献请参阅：1.《坚定不移沿着中国特色社会主义道路前进　为全面建成小康社会而奋斗》，2012 年 11 月 8 日胡锦涛在中国共产党第十八次全国代表大会上的报告［引用日期 2014-06-10］；2. 刘云山：《着力培育和践行社会主义核心价值观》，人民网［引用日期 2014-05-30］；3. 刘奇葆：《在全社会大力培育和践行社会主义核心价值观》，人民网［引用日期 2014-05-30］；4. 中共中央办公厅印发《关于培育和践行社会主义核心价值观的意见》，新华网［引用日期 2014-05-29］。

部和内部的文化竞争。而且，随着改革开放的不断推进，来自内部的竞争压力就会变得越来越大。如果不能从长期、宏观和战略的视角去认真研究、正视和应对这一挑战，就可能出现不同所有权主体下产权基础主导地位的颠覆。社会主义核心价值观的提出、形成和完善，进一步提升、凝练和巩固了文化圈层的核心部分——政治文化和经济文化的主导地位，从而对不同主体下的产权基础形成引导和制衡作用，防止经济基础领域出现"颠覆性"的结构变化。

　　社会主义核心价值观的形成经历了一个逐渐嬗变和完善的过程。中华人民共和国成立后，确立了以公有制为主体的基本经济制度、以人民代表大会为主的基本政治制度和以马克思主义为指导思想的社会意识形态，奠定了社会主义核心价值体系建设的物质基础、政治前提和文化条件。1978 年 12 月，党的十一届三中全会全面总结反思，实事求是的思想路线被再次恢复确立。将坚持马克思主义与中国改革开放和社会主义建设实践紧密结合作为基本原则，毛泽东思想、邓小平理论、"三个代表"重要思想以及科学发展观等中国特色社会主义建设中发展起来的马克思主义中国化最新成果被科学地继承和发扬光大。2006 年 3 月提出了"八荣八耻"为主要内容的社会主义荣辱观；2006 年 10 月，党的十六届六中全会首次明确提出了"建设社会主义核心价值体系"的重大命题和战略任务，将社会主义核心价值观确立为社会主义核心价值体系的内核；2007 年 10 月，党的十七大进一步指出了"社会主义核心价值体系是社会主义意识形态的本质体现"；2011 年 10 月，党的十七届六中全会再次强调指出，建设社会主义核心价值体系是推动文化快速和高效发展的根本任务，社会主义核心价值体系是"兴国之魂"，提出归纳和凝练出简明扼要、便于传播践行的社会主义核心价值观意义重大；2012 年 11 月，党的十八大报告明确提出的"三个倡导"是对社会主义核心价值观的最新概括，即"倡导富强、民主、文明、和谐，倡导自由、平等、公正、法治，倡导爱国、敬业、诚信、友善，积极培育社会主义核心价值观"；2013年12月，中共中央办公厅印发了《关于培育和践行社会主义核心价值观的意见》，将以"三个倡导"为基本内容的社会主义核心价值观作为中国共产党凝聚全党全社会价值共识的重要论断，指出这一重要论断不仅契合中国特色社会主义的发展要求，而且传承了中华优秀传统文化和人类文明的优秀成果；2017年10月18日，党的十九大报告强调，要培育和践行社会主义核心价值观，并对如何展开做出了全面和高度概括的要求和指导[1]；2018年3月11日，第十三届全国人民代表大会第一次会议通过中华人民共和国宪法修正案，将"国家提倡爱祖国、爱人民、爱劳动、爱科学、爱社会主义的公德"修改为"国家倡导社会主义核心价值观，提倡爱祖国、爱人民、爱劳动、爱科学、爱社会主义的公德"[2]。

从本书对文化竞争力本质的解释来看，社会主义核心价值观所倡导的"富强、民主、文明、和谐；自由、平等、公正、法治；爱国、敬业、诚信、友善"从国家、社会和公民个人三个层面充分体现了中国特色社会主义文化竞争力的本质内涵。从处于文化圈层核心的政治文化和经济文化来说，富强可以理解为国富民强或国强民富，是社会主义现代化国家经济建设的最终目标和人民幸福安康、国家繁荣昌盛的物质基础，属于经济文化的范畴；民主是人类对理想社会及其政治清廉高效的正当诉求，中国特色社会主义所追求的民主是人民民主，

---

① 习近平：《坚定文化自信，推动社会主义文化繁荣兴盛》，新华网［引用日期2017-10-18］。

② （两会受权发布）《中华人民共和国宪法修正案》，新华网［引用日期2018-03-12］。

简而言之就是人民当家作主。它不仅是社会主义健康蓬勃发展的生命之源，而且也是创造人民幸福美好生活的政治保障，是对社会主义政治文化的本质要求；文明在社会主义核心价值观的界定中尽管主要用来描述的是社会主义现代化国家文化建设的应有状态，指中国特色社会主义的文化建设必须面向现代化、面向未来和面向世界，其取向必然是民族的科学的大众的。但文明也必然是政治文化和经济文化的应有之义，政治文明自不待言，经济文明恰恰体现的就是在经济体制改革和市场机制不断建立和完善过程中，人们对共同发展和生态可持续等的高度重视和追求；和谐是经济社会持续健康发展和和谐稳定的重要保证，其所追求的目标就是通常所讲的学有所教、劳有所得、病有所医、老有所养、住有所居等，更多地体现的是经济文化的诉求。但显然，它也是政治文化的必然诉求和目标。

尽管"自由、平等、公正、法治"是社会主义核心价值观在社会层面上价值理念的一个高度凝练，但其概念内涵和目标达成都离不开政治、经济的支撑和保障。因此，从本书的研究来看，"自由、平等、公正、法治"仍然属于文化圈层核心部分的政治文化和经济文化范畴。因为个体的意志自由以及存在和发展的自由不仅有赖于产权基础（物质基础）保障，而且有赖于政治机制的保护。同样，个体在法律面前一律平等，就意味着需要不断实现实质平等，需要尊重和保障人权，给予个体依法享有平等参与和发展的权利；而社会公平和正义、依法治国等都是国家、社会应然的根本价值理念，是中国特色社会主义民主政治的基本要求。没有政治层面的法治建设，个体自由平等和公平正义的实现就无从谈起。

个人行为层面，社会主义核心价值观将个体公民的基本道德规范凝练为"爱国、敬业、诚信、友善"，其涵盖个体道德生活的各个方面，是个体在社会经济活动中必须遵守的道德准则，也是评价个体道德行为选择的基本价值标准。这也就是本书所论及的文化竞争力本质体现中关于人性假定的问题，个体意义下的产权基础奉行人性自利的假定，现实中往往发展为毁弃合作的极端自利。中国特色社会主义建设必须培育新一代的社会主义接班人，利他和互利精神是社会主义公民人格养成的必然要求。因此，"爱国、敬业、诚信、友善"所凸显的正是这种利他和互利精神。爱国体现的是个人对自己祖国的深厚情感，是衡量和调节个人与祖国关系的行为准则。作为中国特色社会主义建设者，公民必须以振兴中华为己任，将促进民族团结、维护祖国统一和自觉报效祖国作为毕生的追求目标；敬业体现的是社会主义职业精神，是对个体公民职业和工作态度的价值评价，其所内含的忠于职守、克己奉公、服务人民和服务社会等都是个体利他精神的具体体现；同样，诚信和友善所提倡的诚实劳动、信守承诺、诚恳待人以及互相尊重、互相帮助、互相关心与和睦友好等，不仅是人类社会千百年传承下来的美德，有利于形成中国特色社会主义的新型人际关系，也是中国特色社会主义文化竞争力互利本质的充分体现。

在文化圈层核心—外围假说中，处于中间圈层的神经网络——意识形态部分和外围部分的文化产业、文化产品和服务等是文化竞争力的重要阵地。在前所未有的改革、发展和开放进程中，面对全球范围纷繁复杂的各种价值观念和社会思潮交流交融交锋的新态势，面对中国特色社会主义建设进程中思想意识多元多样多变的新特点，面对国际敌对势力借由思想文化领域的长期渗透对我国不断加紧实施的西化分化战略图谋，我们亟须培育和践行社会主义核心价值观，推进和提升国家治理体系和治理能力现代化，深入研究和充分把握核心文化圈层对中间和外围文化圈层的干预和主导作用，巩固马克思主义在意识形态领域的指导地位，积极扩大主流价值观念的影响力，着力从文化圈层的中间和外围部分入手，振奋人们的精气神，增强全民族的精神纽带，提高中国特色社会主义文化的整体竞争力。

三、如何养成社会主义核心价值观

社会主义核心价值观是中国特色社会主义文化竞争力的本质体现，只有培育和践行社会主义核心价值观，才能保持文化竞争力的长盛不衰。那么，如何养成社会主义核心价值观呢？本书认为可以从文化圈层的核心—外围假说中寻找符合逻辑的治理措施和合理可行的答案。

首先，从文化圈层的核心部分政治文化和经济文化入手，深刻把握不同所有权主体下产权基础与人性假定以及基于其上的文化竞争力的不同，在中国特色社会主义建设的过去、现在和将来，都必须坚守集体（全民）所有权主体下的产权基础的主体地位。因为它不仅是社会主义核心价值观的物质保障，也是中国特色社会主义文化竞争力的物质保障。只有在稳定坚实和发达先进的集体（全民）所有权主体下的产权基础上，才能够运用中国特色社会主义政治制度的优势和政治文化的自身建设完善，充分发挥干预和引导功能，培育和践行社会主义核心价值观。具体来说，可以从以下几个方面来展开：（1）将社会主义核心价值观要求贯穿到经济发展规划、经济发展目标、经济社会政策、重大改革措施和各项生产经营活动中去，形成弘扬社会主义核心价值观的有利政策导向、利益分配机制和社会环境。建立完善的政策评估和纠偏机制，注重经济效益和社会效益以及经济行为和价值导向的有机统一，引导和保证市场经济和道德建设的良性互动，避免具体政策措施与社会主义核心价值观相背离。（2）将社会主义核心价值观相关要求上升为具体的法律法规，通过法律法规的权威性来增强个体公民和政府组织等培育和践行社会主义核心价值观的自觉性。将社会主义核心价值观贯彻到依法治国、依法执政和依法行政的实践中，厉行法治、严格执法和公正司法，坚决捍卫宪法和法律尊严，维护社会公平正义，形成有利于培育和践行社会主义核心价值观的良好法治环境。（3）创新社会治理，将践行社会主义核心价值观作为重要内容全面融入制度建设和社会治理工作中，实现治理效能与道德提升相互促进，形成科学高效的诉求表达机制、利益和矛盾协调机制以及权益保障机制，最大限度地增进社会和谐。

其次，从文化圈层的中间部分神经网络——意识形态和外围部分的文化产业、文化产品和服务等入手，高度重视来自外部的西化和分化势力通过文化渗透和文化控制的方式对中国特色社会主义文化圈层由外围向中间及至核心的系统性"颠覆改造"，也要警惕和防范来自内部对集体（全民）所有权主体下的产权基础及建立其上的以社会主义核心价值观为本质体现的文化竞争力的否定、诋毁和以图取而代之的"反社会主义"势力的图谋。具体来说，可以从以下几个方面展开：（1）深入开展宣传教育、学习研究和深化推广社会主义核心价值观的活动，坚定人们对中国特色社会主义的理论自信、制度自信和道路自信。深入推进马克思主义理论研究和建设工程，巩固和加强其在人文社科领域的指导地位，强化对社会热点难点问题的正面引导，严格对社团、论坛、讲座、报告会和研讨会等的管理。（2）牢牢把握正确的舆论导向，发挥新闻媒体传播社会主流价值的主渠道作用，不断巩固壮大积极健康向上的主流思想舆论。党报党刊、通讯社、电台电视台和出版社等要拿出重要版面时段、推出专栏专题和专项出版等，以各种形式传播社会主义核心价值观。强化传播媒介管理和行业自律，新闻出版单位和从业人员要切实增强传播社会主义核心价值观的责任意识和能力。（3）打造社会主义核心价值观的网上传播阵地，用先进文化和正面积极声音占领网络阵地。做大做强重点新闻网站，做好重大信息网上发布，塑造良好的网络舆论环境，集聚网上舆论引导合力。推动中华优秀传统文化和当代文化精品的网络化传播，推进网络法治建设，依法加强网络社会管理，打击网络谣言和违法犯罪，整治网络淫秽色情和低俗信息等。（4）发挥文化产品、文化服务和文化活动等精神文化产品育人化人的重要功能，提升其思想品格和艺术品位，加强对新型文化业态、文化样式的引导，让各种文化产品都成为弘扬社会主流价值的生动载体。加大对优秀文化产品的推广力度，坚持正确的价值取向，完善文化产品评价体系和公共文化服务体系。

最后，不同使用权主体下的产权基础其文化竞争力的一个主要区别即在于对人性假定的认知存在很大的差异，个体意义下的产权基础推崇人性自利（甚至极端自利），集体（全民）意义下的产权基础奉行人性利他和互利，这两种截然不同的人性假定体现在文化及其竞争力上，凸显出个体主义文化放任人性"恶"的一面所带来的文化上的极具"侵略性"。如果不对其严加防范，其就有可能借由文化圈层的外围和中间部分逐渐渗透直至"颠覆"核心圈层的政治和经济文化，进而破坏和抛弃集体（全民）意义下的产权基础。因此，用社会主义核心价值观教育和武装中国特色社会主义建设的一代代新人，将是一件功在千秋、永远在路上的基础工程。具体来说，可以从以下几个方面展开：（1）将社会主义核心价值观纳入国民教育总体规划，贯穿于教育教学和管理服务的各阶段、各环节和各领域，覆盖到所有学校和受教育者；推动社会主义核心价值观进教材、进课堂、进学生头脑；形成和完善家庭、社会与学校携手育人的有效形式和长效机制，努力培养德智体美劳全面发展的中国特色社会主义建设者和接班人。（2）注重发挥社会实践、完善实践教育教学体系和打造实践育人基地等拓展青少年培育和践行社会主义核心价值观的有效途径。组织青少年参加各种志愿服务、勤工俭学、生产劳动、爱心公益、科研发明和创新创造活动，重视培育校园人文环境，完善校园文化活动设施，建设体现学校特色、时代特征和社会主义特点的校园文化，充分发挥其熏陶作用。（3）实施师德师风建设工程，建设一支业务精湛和师德高尚的高素质教师队伍。将师德表现作为教师考核、评价和聘任的门槛条件，形成师德师风建设长效机制，引导广大教师自觉增强教书育人的责任感和荣誉感。（4）就公民教育的角度，亟须深化公民道德宣传日活动，开展对道德领域突出问题的专项教育和治理；加强诚信建设，建立健全覆盖全社会的征信系统；广泛开展形式多样的学雷锋实践活动，把学雷锋和志愿服务相结合，形成完善的有激励和政策法规保障的志愿服务制度；深化突出社会主义核心价值观思想内涵的群众性精神文明创建活动，开展全民阅读活动、美丽中国建设宣传教育、礼节礼仪教育和文明旅游的宣传教育等；建设与中国特色社会主义相适应的优秀传统文化传承体系，加强对优秀传统文化思想价值的挖掘，加大文物保护和非物质文化遗产保护力度，丰富民族传统节日的文化内涵，增加国民教育中优秀传统文化课程内容，让优秀传统文化在新的时代条件下不断发扬光大；开展革命传统教育，加强对革命传统文化时代价值的阐发，发挥重要节庆日传播社会主流价值的独特优势；加强爱国主义教育基地建设，积极发展红色旅游；通过广播电视、报纸期刊、互联网和手机媒体以及社会公共场所、公共交通工具等的黄金时段、重要版面和显著位置刊播和悬挂张贴公益广告，围绕社会主义核心价值观，形成公益广告传播先进文化、弘扬新风正气的强大声势。

第四节　中国梦是中国特色社会主义
文化及其竞争力的本质体现

一、中国梦的实现是中国特色社会主义文化竞争力的具体呈现和逻辑必然

中国梦所提出的"两个一百年"奋斗目标，到 2021 年中国共产党成立 100 周年时全面建成小康社会和到 2049 年中华人民共和国成立 100 周年时建成富强、民主、文明、和谐的社会主义现代化国家，从中国特色社会主义文化竞争力的内涵和本质看，中国梦所体现的就是文化圈层的核心部分政治和经济文化竞争力必将达到的阶段性目标。小康社会不仅标志着广大人民群众的生活水平达到了一个相对满意的高度，还要求相应的政治、经济、文化、社会、生态文明等提升到一定的高度。"富强、民主、文明、和谐的社会主义现代化国家"本身就是社会主义核心价值观中对国家层面建设的要求，其与文化竞争力的内在关系前文中已有论述。可见，中国梦和中国特色社会主义核心价值观是紧密相连的，后者是前者的内在要求，前者是后者的必然结果，而中国特色社会主义文化竞争力则是这种内在要求走向必然结果的运动状态和具体呈现。实现中国梦必须走中国特色社会主义道路，必须以中国特色社会主义理论体系为指导，必须坚持中国特色社会主义制度，这些都是中国特色社会主义文化竞争力利他和互利本质的必然要求。因为只有坚持中国特色社会主义理论、道路、制度和文化，才能够在公平的基础上实现共同富裕，以社会主义来守护社会公正。中国梦的实现还有赖于中国精神的培育、激发和传承，而这个以

爱国主义为核心的民族精神和以改革创新为核心的时代精神所构成的中国精神，也正是中国特色社会主义文化竞争力的必然组成部分。中国梦最终要实现的是国家富强、民族振兴和人民幸福的中华民族的伟大复兴，因此还必须坚定不移地走群众路线，必须依靠全国各族人民大团结的中国力量，必须以广大人民群众为主体，把国家利益、民族利益和个人利益紧密地联系在一起。这就涉及文化竞争力的个体和集体意义下的以产权基础为前提的竞合关系，从本书的研究来看，中国特色社会主义文化竞争力应该是充分释放个体创造财富、实现自我价值的"内在冲动"，并将其限制、引导在一个合理的限度内，通过社会主义核心价值观对人性假定的培育和重塑，使个体动机、行为和目标与整体的目标相一致，从而确保中国梦所最终追求的国家富强、民族振兴和人民幸福的完全实现。推而广之，在全球化的今天，中国梦也必然要求我们坚持走和平发展和合作共赢之路，积极参与全球治理，推动建设公正、民主、和谐的世界秩序，这也是中国特色社会主义文化竞争力的逻辑必然。

二、中国梦的实现与文化竞争力主体 —— "人"的精神和能力重塑

文化竞争力首先取决于处于文化圈层核心位置的政治和经济文化的本质取向，后者又取决于不同所有权主体下的产权基础。中国特色社会主义文化竞争力所体现的利他和互利的本质特征，其产权基础（物质基础）就是集体意义下的所有权主体和社会主义核心价值观武装下的"人"。因此，除了坚持公有制主体，社会主义个体公民尤其是党员干部利他和互利的人格养成就显得尤为重要。具体到中国梦的实现，就有必要从以下几个方面展开长期细致的工作：（1）从理论和

实践上揭示人性自利（极端自利）假定并非人之社会的本质，而是基于个体意义下的产权基础和个体主义的哲学观，中国特色社会主义的人性假定既要尊重人在合理限度（自然性）内的自利，又要特别重视人性利他和互利的人格养成。从各个教育阶段入手，将社会主义核心价值观作为必不可少的教学研究内容，用各种学生喜闻乐见、易于接受的方式让学生了解、学习、研究和掌握，入言入行入脑入心，将其培养成为一个具有高尚情操和坚定的思想和品德意志的中国特色社会主义建设者。（2）树立终身学习的理念，自觉把学习作为一种生活态度、工作责任和精神追求，不断提高综合素质，增强创新能力。面对纷繁复杂和不断发展变化的国际国内形势以及日新月异的科技进步和不断加快的知识更新，只有不断加强对文化知识、理论知识和专业知识等的学习，积极向书本学习、向群众学习和向实践学习，才能勇立潮头跟上时代的步伐。（3）牢固树立全心全意为人民服务的宗旨，强化群众观念，密切党群干群关系，坚持问政于民、问计于民、问需于民和问效于民，始终把维护好、实现好和发展好人民群众的根本利益作为开展工作和解决问题的根本出发点和落脚点，真正做到"权为民所用、情为民所系、利为民所谋"。（4）广大党员干部要带头贯彻落实中央八项规定，以求真务实的工作作风、扎实有效的成绩来团结干部、凝聚党心，不断筑牢党群干群关系；要充分践行"走在前、干在前、争首善、当先锋"的先锋示范精神，形成上下一心、团结奋进的局面。

第五节　小　结

本章主要观点简单归纳如下：

（1）文化竞争力的本质在于其与利他和互利的接近程度，在文化圈层的核心—外围假说中，核心部分的政治文化和经济文化处于主导地位，其竞争力对中间部分的神经网络——意识形态文化和外围部分的文化产业、文化产品和服务等的竞争力起着十分重要的积极和消极影响。

（2）个体意义下的产权基础和集体意义下的产权基础对应着截然不同的文化竞争力，前者奉行个体主义和人性自利（极端自利）的哲学观和利益观，后者推崇集体主义（整体主义）和人性利他和互利的哲学观和利益观。

（3）文化竞争力是由核心圈层、中间圈层和外围部分等不同的文化所构成的一个复杂和叠加的系统。尽管核心部分的政治和经济文化对中间部分的意识形态和外围部分的文化产品等起着主导作用，但外围部分和中间部分的文化也会潜移默化地形成对政治和经济文化的反作用甚至会颠覆核心文化。

（4）在中国特色社会主义建设中，国内外的西化力量和西方文化渗透战略正在动用一切手段和途径侵入我国的文化圈层，意图通过外围和中间圈层的逐步渗透拓展，最终颠覆核心圈层的政治和经济文化。这是一个中国特色社会主义道路上生死存亡的问题，必须引起足够的重视，要直面挑战，奋起反击。

（5）中国特色社会主义文化竞争力的利他和互利本质所体现的就是社会主义核心价值观的内在要求。这不仅体现在文化圈层的所有部分，而且体现在文化竞争力的主体——"人"的社会主义核心价值观的培育和践行上。

（6）中国梦的实现是社会主义核心价值观借由中国特色社会主义文化竞争力达成的必然结果，是文化竞争力的具体呈现和逻辑必然。除了坚守道路自信、理论自信、制度自信、文化自信，还必须重视和实施对中国特色社会主义文化竞争力主体——"人"的基于社会主义核心价值观之上的"人格养成"和能力重塑。

第四章 城镇化、产业升级与土地资本化过程中的产权基础重构与文化竞争力培育

第一节 引 言

城镇化、产业升级和要素资本化尤其是土地资本化是一个系统的整体运动过程，城镇化首先意味着土地用途的改变，也就是一部分农地要从集体所有转化为国有，再进入土地交易市场。在这个比较复杂的产权转换过程中，农民的土地承包权就可能被以远远低于市场的价格非自愿地"购回"，从而导致农民个体意义下的产权基础在市场化过程中初始的不公平，对于完全丧失农地的农民尤其如此。源于土地的垄断租金从本质上应该为集体或国家所有，但在复杂的土地资本化过程中，大量的垄断租金却转化为了个体意义下的产权基础。尽管看

起来是市场机制使然，但既然是垄断，就显然离不开非市场的因素。中国特色社会主义要求政府是以人为本（"为人民服务"）、依法治国和公平公正的政府，因此，在伴随城镇化的土地资本化过程中，增强和捍卫农民个体意义下的产权基础是尤为必要的。这也就意味着对广大农村集体意义下的产权基础的坚守和保护。产业升级并不必然相伴于城镇化的发生，但高质量的城镇化必然要求传统产业或低端产业的转型升级。这种升级是价值创造、科技创新和生态可持续产业的内在需求。在市场机制和政府引导的发展平台上，这个整体的运动过程不仅伴随着个体创新能量的释放，而且也是包括不同产业、不同区域和不同利益相关者等的整体和谐进步的过程。

城镇化及其关涉的土地资本化以及产业升级过程中知识产权和各类稀缺人力资本价值等的市场化实现，是一个产权变迁和财富创造和重构的复杂漫长过程，对于主动或被动参与其中的各利益相关者来说，这一过程是否公平公正？是否在法律的框架之内？不仅与个体抑或集体的利益息息相关，而且直接决定了形塑于这一过程及其结果的文化类型。如果个体或某一个集体通过非公平公正的途径获取了原本属于其他个体或集体的财富或稀缺要素，并且没有基于法律层面的纠错机制，那么久而久之就会形成整个社会负面的文化认知。这种文化因为其产权基础建构的非正当性，与互利精神背道而驰。在一个较长的时期和与内外环境的交互当中是不可持续和不具有文化竞争力的。因此，城镇化、产业升级和要素资本化尤其是土地资本化不仅仅是一个经济范畴的系统变迁过程，还是一个借由经济走向政治并且生成文化圈层的核心部分，进而主导或干预文化圈层的神经网络直至文化圈层的外围部分的整个文化系统的变迁过程。兹事体大，不宜持听之任之的态度和等待哈耶克所谓"自然扩展的秩序"的完成，而必须有一个理论上的高度认知和价值观上的一致性标准，才不致误入歧途。这个理论和价值观就是中国特色社会主义理论和社会主义核心价值观。

第二节　产业升级和城市化进程中的土地发展权问题

一、产业升级与城市化的关系

如果不从近现代城市的概念看，城市（镇）的出现就起码是 3000 多年前的事了（指中国）。因此，这里仅仅是探讨产业升级与城市化的关系，并没有意指城市化是由产业升级导致的。实际上在自然经济时期，所谓的城市（镇）也不外乎几种，绝大部分是政治和军事意义上的，纯粹经济意义上的很少（如由当初的集市贸易、边境贸易到小规模的手工业制造，比较大规模的如宋朝的泉州等，元明清时期比较富庶的江南，其茶叶、丝绸和食盐等的贸易规模都不是很大，而且盐业还是政府专控的），且都受到政府的控制。应该说，中国近现代前的城市（镇）化，其产业基础主要是第一产业尤其是农业。城市（镇）与土地的联系十分紧密，如果排除城市辖区外可能的供赋和财富来源，城市（镇）的规模就基本上取决于由其支配的土地的产出能力。在这个基础上，一些专门为城市（镇）服务的衣食住行、手工商贸等比较低端的服务业也就应运而生了，这些被视为"商末"之流的非农经济活动实际上是近现代前城市（镇）不可或缺的组成部分。正因为是建立在自然经济基础上的，近现代以前也可以说工业化以前的城市就处于发展停滞和规模循环的状态（有点像简单生产，即使如唐代的长安，虽然是当时的"国际化都市"，但其对财富的吸纳也是有限的）。广大的农村对于城市（镇）的支撑作用是主要的，如果城市（镇）是一棵"华盖如云"的大树，那么农村就是其伸向土地的根。这一点是十分重要的。斩断了城市的"根系"，在没有相对发达成熟的工业体系的支持下，被挖去根的城市就变成了一座座"孤岛"。因此，即使在工业化之前，至少在中国，产业发展（主要是第一产业中的农业）也已经在决定着城市的命运。

工业革命以后，城市更多是依靠第二产业发展起来的（起初主要是以纺织等制造业为主，如英国的曼彻斯特等）。一些方便交通的河流要道、港口，以及资源和能源富集区开始产生了基于工业或者交通商贸服务业等的大批城市。当然原有的基于自然经济的城市（镇）依然存在（如加拿大、澳大利亚、新西兰等一些城市），但也都经过了工业文明的洗礼，其生产方式完全是资本主导的，并且有了发达的服务业，甚至知识经济也大量渗透到第一产业（农业）。随着产业升级，出现了专门以服务业为主的城市（如美国阿拉斯加的"赌城"，一些以旅游资源为主的城市等），原有的城市也在不断分化，如将城市的政治文化功能与经济功能分割开来，从而产生了专门的政治文化中心（如美国的首都华盛顿），也有以知识经济为主发展起来的城市（带或群）（如美国的硅谷、日本的筑波科学城、韩国的大德科学城、新加坡肯特岗科学园、印度班加罗尔软件园、法国安蒂波利斯科技城、爱尔兰国家科技园等）。

总之，城市化的类型、规模与产业层次、产业集聚和产业升级等息息相关，如果没有产业支撑，就没有相应的城市发展。这应该是城市（镇）化需要遵循的一个基本原则。从某种意义上讲，所谓城市化无非是通过某一个或几个优势产业所吸纳集聚起来的各种生产要素（或者说财富）的组合、运动形式。只不过与企业不同的是，城市需要提供私人无法或不愿提供的公共物品和公共服务，也就出现了对城市政府管理的需要。进一步来说，如果纯粹从产业集聚的角度看，城市并不存在政治权力问题，但正是由于其规模已经超过了私人信息和成本所能控制的范围，公共干预就变成一种需要，政治权力也就产生了。而随着城市规模的不断扩大，就出现了专门从事城市管理的一个阶层（政府）和一整套法律制度，当然，基于城市的始发特性，非政府组织（其特性就是民间的、协议性的）也是城市的一个组成部分。需要指出的是，尽管城市的类型越来越多，规模也越来越大，但万变不离其宗，那就是城市的发展是需要产业支撑的，产业的可持续决定着城市的可持续，产业转型同时意味着城市需要改变。在城市发展中，人们最容易忽视的就是第一产业尤其是农业。殊不知作为昔日"城市之根"的农业，今天也仍然是城市存在的"基础产业"，除非生活在城市里的人都"不吃不喝"了！因此，在城市发展的突飞猛进中，一定要用相同甚至更大的投入或力度发展第一产业（农业）。所幸的是，目前世界范围内适应城市发展改造的"都市型农业"为破解这一可能出现的难题提供了很好的样板和思路。

二、土地产权、财产权与土地发展权

所有权是产权的核心，对拥有所有权的"物"的控制权（管理权等）、使用（用于生产、消费、租赁等）权、处置权以及剩余索取权（收益分配原则等）等都最终取决于所有权的意志（在法律框架内）。同样，土地产权也是以土地所有权为核心的。土地作为"财富之母"，既是生产要素，又是财富本身，尽管人类经济社会发展到今天，土地也仍然处于不可或缺的重要位置。从原初上，土地先于人而存在，本来不属于任何"人"，乃天地万物所共有共存的"大地之母"。后来随着私有制的出现，土地也被人"所有权"化了。因此，所有权仅仅是人之社会所创造的一套划分财富的制度而已。另外，从历史源头看，尽管土地私有制成了主导性的土地所有制形式，但从原始社会传承下来的土地公有制（即公有土地）也仍然发挥着作用。这种公、私所有制共存的格局可以说一直延续到今天，比如，西方国家有土地私人所有、国家所有、地方政府所有、教堂所有等。但总体上讲，在目前世界范围内，土地私有制仍然是占据主流的。抛开意识形态的问题，单从土地的特性和产权的合理性而言，土地的私人所有是有效率和市场优势的。一般来说，政府所有的土地通常包括如河流、地质公园、森林等需要公共保护和管理的土地，而私人土地则更多的是属于生产（其中主要用于第一产业尤其是农业生产等）和经营的范畴，只不过为了防止对土地的投机导致土地浪费和产业危机，西方国家已经建立起了严格的土地规划和相关的法律法规。总之，由私人所有权主导的土地产权安排的一个最大好处就是稳定了对土地投资的长期预期，这对第一产业（农业）的良性发展是非常重要的。我国目前出现的对农地的"圈占"和抛荒问题，除了发展经济学所谓工、农业之间的"推拉"所导致的农民流向城市就业的选择变化，一个主要的原因就是缺乏清晰的土地产权或者更进一步说缺乏清晰的土地所有权主体。因为国家和集体都是相对空泛的概念，到时候还是需要落实到具体的"人"身上，这就人为地加长了土地所有权的代理链条，从而增大了土地寻租的空间。

从财产权的角度看，所谓财产，从法律的意义上是有主体的，即某一财产明确地归某一主体所有。它首先是一个所有权的问题。没有所有权，就丧失了财产权。因此，土地作为基础财富，也是重要的财产，谁拥有土地所有权，谁就占有了土地财产。而所谓土地产权结构中的其他权属，如果是与土地所有权分离的，则不具有对土地财产的占有权。从这里就可以看出，西方国家的土地所有权结构是将土地在财产的意义上在国家、地方政府、私人、教堂等法律主体之间进行分配，而我国的土地财产归国家和集体所有，个人是没有完全意义的土地财产权的。对于市场经济来说，无论是生产要素还是商品，进入市场前都需要清晰的产权。而作为主要生产要素的土地在我国是缺乏这一前提条件的。这就必然出现一个非常不可思议的现象，缺乏产权主体的土地，最后还是在非市场力量的干预下，以市场的名义完成了土地财产的变现。这种前提条件的缺失，就只能使得市场成了一个为寻租和瓜分土地财产最好的借口。同样，土地发展权也是与土地所有权紧密相关的，既然个人没有土地财产权，也就谈不上土地发展权。

自然经济时期，土地的主要用途是作为耕地和比例不大的建筑用地（主要是住宅）等。进入工业文明时期，土地的用途被极大地拓展了：生产资料的来源地（包括第一产业产出和矿产资源等），水力、风能、太阳能等各种能源的土地占用，作为厂房、住宅的建筑用地，商业用地、公共设施用地，交通码头港口用地，名胜古迹、寺庙教堂用地，军事用地，等等，不一而足。土地用途的增大对于既定的土地供给而言，就意味着会给土地所有权主体带来可观的报酬。所谓土地发展权，通俗讲，就是土地所有权主体通过改变土地用途而寻求土地最大的市场价值。比如，相对于耕地，建筑用地的价格显然要远远高于农业生产收入，如果能够使耕地转化为建筑用地，二者之间的差额就可以看作是土地所有权主体通过土地发展权而获得的高于土地原有用途的收入。另外，从财产权的角度看，土地作为财产的主要组成部分，财产所有权主体理应拥有对其财产在法律允许的范围内自由使用的权利。因此，从土地发展权的角度看，西方国家的土地所有权结构有利于在民众之间分散由土地转变用途而带来的巨额收益，比较符合公平原则。而我国本来土地所有权归国家和集体所有（归根结底还是归国家所有），从财产或财富的角度看，土地这一巨大的财富本身就归国家所有，这就从财富源头上造成了实际上的国富民穷的财富分配结构。不过在没有土地发展权前，尽管土地为国家和集体所有，但使用权在民众。土地的财富特性还处在"沉睡"或者说"地下"状态。

三、土地资本化与价值发现

土地发展权意味着土地价值（级差租金）的再发现，而土地资本化是土地价值发现的主要途径，也是唤醒"沉睡"的土地财富的有效手段。土地资本化的一般解释就是将土地要素通过货币估值在市场上进行交易，或者将土地作为投资资本或进行其他经济活动的抵押品，其货币估价通常以地租和银行利息的比值计算。但作为稀缺资源，土地的价格往往取决于供给和需求之间的博弈。从人类经济社会发展的历史来看，在自然经济时期，尽管也存在土地之间的交易等，但由于没有出现资本主义生产方式或者资本主义生产方式还处于零星和萌芽阶段，这种交易与我们现在所说的土地资本化有着本质的区别。其主要区别即在于土地交易后用途的可预期性，通常仍然被用来作为农业生产的主要生产要素，且其收益是可预期的，受制于当时的封建主义生产方式和农业生产的特点。资本主义生产方式出现并逐渐成为整个经济社会的主导生产方式后，带来了几个巨大的变化，一是形成了覆盖所有生产领域（甚至社会领域）、遍及国内外的市场；二是对生产要素（或者说对生产资料和劳动力）的需求能否满足成了决定资本生死的一件大事；三是土地用途的巨大变化。技术革命和工业革命不仅开发了如水力、森林和土地生长力等地表资源，而且还深入地下不断挖掘蕴藏于土地的矿藏资源，从而给资本带来了巨额利润。土地就像一个"阿里巴巴"宝藏，自然经济时期人们只知道土地具有"养育万物"之能，进入工业文明，土地更为丰富的财富之门被打开了。土地已经超越了农业文明时期作为主导生产要素的那种意义，成了工业生产这头永不疲倦的巨兽的"原料食粮"。如果过去人们对土地的渴望还仅仅是一种出于生存的渴望的话，现在资本对土地的追逐就变成了一种无限的贪婪。而所谓价值发现，无非就是随着土地用途的拓展，其对人或资本的有用性正在不同的需求层次上展现，并被以货币进行估价或交易，从而给土地所有者或使用者带来预期的好处或者利润。正是土地所潜藏的对人或资本有用的无限可能性，才发生了如英国的"圈地运动"等在各个资本主义国家早期都或多或少上演过的"各路诸侯"对土地的争夺战，并将这种争夺引向世界，最终瓜分了世界市场并形成了殖民体系。

具体到中国，土地资本化则不仅仅是一个经济问题，而更是一个社会问题。其主要原因在于中国缺乏对土地产权的清晰界定，尤其是农村土地，集体所有制给了资本和权力相互寻租的广阔空间。西方发达国家的历史已经昭示了土地巨大的经济价值，加上中华人民共和国成立后偏向于发展工业的战略，人们对于土地的认识早已超越自然经济时期那种简单的观念。只不过囿于特殊的土地产权安排而无法释放对土地资本化的冲动而已。如果从阶段上划分，中国对土地的资本化可以分为三个阶段，一是早期国企改革中对国有土地的划拨或十分廉价的处置方式，使得大量的土地财富转化为巨额的利润流入各种既得利益者的腰包。这个阶段还包括之前各地政府为了吸引投资（尤其是外资）而以低廉的价格甚至零成本提供土地资源。二是房地产业兴起后，城市原有土地和城郊土地的资本化。这个阶段充满了政府、开发商以及各方面利益相关者之间的博弈，同时出现了大量以各种开发区为名对城市尤其是与城市毗邻的农村集体土地的"圈占"。在这短短的十几年中，中国产生了许多以土地发家致富的"富豪"，贫富差距拉大。三是随着资本向农村的渗透，农村土地开始被大量用于非农业生产。

四、农地产权缺陷与城市化泡沫

土地资本化是伴随着城市化而迅猛发展的。城市化的一个首要条件就是要有可持续的产业支撑，就某一种产业来说，可持续意味着原有产业良好的转换功能和产业升级的快速有效。但产业发展是遵循一定规律的，有意识的引导是必要的。对于资本而言，在显见的巨大利润面前，它是不会"兢兢业业""摸爬滚打"地去投资和经营利润有限的产业的。这种情况出现在中国城市化进程初期，只要从政府手上搞到土地这一稀缺资源，进行房地产开发就几乎是一本万利的事。对于政府来说，通过土地财政既增加了财政收入，又增大了国内生产总值。对于资本来说，通过海量的房地产投资，借助银行和预售制度，加上住房的刚性需求和投机炒作因素，不用付出多少成本就可以获利颇多。这种缺乏产业支撑的城市化是没有生命力的，是一种城市化泡沫。在当下，城市的这种发展模式已然不可持续。

从我们的研究来看，之所以出现城市化泡沫的问题，其中一个主要的问题就在于中国土地尤其是农地产权存在严重的缺陷。我们不谈属于国家所有的城市土地，因为农地的问题可以反映城市土地的所有方面却又比城市土地存在更严重的产权缺陷。这主要表现在农地集体所有上。农民拥有的仅仅是对农地的承包经营权，而从产权来说，所有权才是第一位的，其他的权属都要服从所有权的权利主张。这就是问题的所在。再来看集体，什么是集体？在实际的运行过程中就变成了集体代理者决定一切了。也就是说，获得农地只要做通集体代理者的工作就可以了。至于农民，最好的选择只有拿上点可怜的补偿款。再来看被廉价从农民手中拿走的农地的命运，与城市土地一样，大部分还是被用来进行房地产开发。城市的边界就这样被不断向外拓展，城市化的泡沫也就被不断地吹大。可以看到，根本的原因就在于农地产权安排的不合理，这种制度剥夺了农民对农地的财产权和发展权，而将这些巨大的土地收益拱手让给了资本和既得利益者，不仅加大了社会不公和贫富分化，还失去了利用这些土地收益培育实体产业的机会。

此外，不遵循城市发展规律一味盲目地城市化将带来十分严重的后果。其主要表现就是城市产业空心化和农村空心化的加速。所谓城市产业空心化，即指相对于一个区域内的城市，没有符合当地资源条件和发展潜力的有竞争力和可持续的产业，仅仅是一片钢筋水泥的楼房，除了一些低端的服务业，没有形成龙头产业，最后只能由萧条走向死亡。之前有的所谓新城甚至刚一建成就进入了"死城"行列。对于资本主体而言，他们已经通过特有的"拿地"方式、融资手段、炒作和预售等赚走了自己想要的；对于政府而言，有了巨额的土地收入和"骄人"的 GDP，一些地方官员就可以快速升迁。所有问题自然有后来者"承担和解决"。

所谓农村空心化，至少包含几个方面的问题：其一，就是农村出现大量被弃置和无人居住的老旧房子和院子，从而产生了村庄的空心化。大部分空置院房是由于房主举家外迁（通过打工和移民等方式），少部分是房主重新选址建了新住房，将旧院房"撂"在那里。这种情况在北方农村尤为严重。所反映的问题就是农村建筑用地产权安排的不合理：一来是政府管理不严格；二来是农村建筑用地无法进入市场流转。其二，就是农村生产用地（耕地）的抛荒现象严重。由于第一产业尤其是农业生产的收益比较低，大部分青壮年农民都流向城市"打工"，形成了庞大的所谓"农民工"队伍。不仅为中国城市居民，而且为世界尤其是西方发达国家的民众"奉献"了价廉物美的资源型产品。也正是这一队伍撑起了中国如火如荼的城市化建设，为一座座楼房的"拔地而起"挥汗如雨。其三，就是第一产业尤其是农业的踟蹰不前。这一点是与第二点相关的，作为农业生产主要生产要素的土地被大量"抛荒"，劳动力尤其是有知识和技术素养的青壮年劳动力的大量流失，导致期望农业的飞速发展就只能是一种"无源之水"。尽管中央政府一直将"三农"问题当作重中之重的发展战略来对待，甚至每年都有一个"一号文件"，但第一产业带给地方政府的 GDP 贡献实在太少了，少到甚至可以忽略不计。在之前的绩效考核机制下就很难让地方政府真正将精力投向"三农"。其四，就是一直没有引起社会重视的农村精神文化的空心化。这实际上是一个关系到民俗文化传承的非常重要的问题。随着市场和城市的不断拓展，各种思想都大举"入侵"中国广大的农村，原有的文明被冲击得七零八落。农民在接受一些好的观念思想的同时也被大量低级庸俗的"精神鸦片"所侵蚀，加上有些地方基层政府的不作为甚至任意侵占农民利益（如圈地）等社会环境的影响，部分农村的公序良俗正在不断崩塌。

总之，城市化过程中产业支撑的缺失、农村空心化的出现和进一步加剧，如果不及时改变经济增长方式，这种依靠"出卖"自然资源的并不健康的经济增长终将是"空中楼阁"。而不改变目前的土地产权制度和政府过度主导经济的局面，恐怕很难实现生态财富观下的可持续发展。

第三节　产权改革停滞与产权基础重构的可能选择

伴随城镇化和产业升级过程的土地资本化之所以出现上文揭示的诸多问题，一个主要的原因在于我国发轫于 20 世纪 70 年代末的先从农村后至城市的产权改革出现了"停滞"的现象，原因尽管复杂，但主要还是在一个系统整体的改革进程中，如经济体制改革等的滞后制约了产权改革的进一步深化。要比较彻底地理解伴随农村和城市改革所出现的一系列问题，就有必要深入探讨产权改革停滞的原因。因为文化竞争力不仅受到呈现为财富极化结果的非公平公正的产权基础重构的影响，而且必然受到基于产权改革的系统整体的利益博弈的影响。

一、产权改革与经济改革的关系

理论界和实践中对产权改革和经济改革没有进行严格的区分，其结果是以产权改革代替经济改革，认为经济改革的内涵就是产权改革，从而误导了理论和实践两个层面的路径选择。实际上，产权改革仅仅是经济改革的一个重要组成部分，经济改革还包括另一个也许更加重要的部分，那就是经济体制改革。改革开放 40 多年来，尽管我国在经济体制改革上完成了由计划向市场的转变，但基本上是迫于适应产权改革的压力，其不彻底性主要表现在经济体制改革支撑面的行政管理体制改革的滞后。产权改革的目的在于培育真正的市场主体，而价格机制的有效性取决于市场主体是否拥有清晰完整的产权；经济体制改革的目的在于释放和创造效率，是对市场主体经济自由的认可和社会理性范围的支持。

从产权改革和经济改革的这种关系出发，农村和城市经济改革的演进路径就全然不同。家庭联产承包责任制是由基层发起的，最后农地为集体所有，农民家庭一定年限的土地承包经营使用权的产权模式得到管理层面的认可和推广。从 1949 年中华人民共和国成立后一直到改革开放政策的出炉，中国农村承担的历史使命就是为中华人民共和国工业基础的建设提供原始积累，这是迫于当时的国际环境和国家图强的需要。因此，中华人民共和国成立后的合作化运动有其必然性和合理性，与其相配套的计划体制和行政管理体制也是必需的。然而，改革开放 40 多年来，正是走在前面的农村经济改革却面临着停滞不前的困境。从产权改革的方面看，农民对农地没有一个完整清晰的产权，他们仅仅是"租户"而已，不具备对农地的获利预期，因而也就不是一个真正的市场主体。换言之，农村产权改革所释放的仅仅是农民一个时期被压抑的劳动热情，尤其是当实实在在的劳动成果摆在他们眼前且为自己所有时。而产权改革培育市场主体的目的却并没有实现。同样，从经济体制尤其是行政管理体制方面看，仅仅是从过去的"公社、大队和生产队"变成了"乡镇、村和社"三级，对农村的管理方式并没有根本的改变，财政供养人口或者变相的财政供养人口反而增加了。除了政治上的需要，这种行政管理体制存在的经济基础就是农地的集体所有。随着城市经济改革和城市化不断拓展的市场交易领域的出现，农村经济改革中所形成的或者说脱胎于旧有模式的行政管理体制就成了与农民争利的一个主要来源。农村公共服务的缺乏是市场体制的必然，但对农地的寻租成了这种行政管理体制的必然。应该说，农村经济改革中的产权改革和经济体制改革没有形成符合市场主体利益的合力，其原因就在于农村经济改革根本就没有培育起真正的市场主体。

以国企改革为核心的城市经济改革采取的模式则与农村经济改革相反。尽管从农村经济改革看到了希望，吸取了经验，但城市经济改革并不是由基层自发的，而是由上层设计主导的，路径上仍然是渐进主义的。从开始的承包、租赁、股份制改革一直到后来的"抓大放小"、职工持股尤其是管理层收购等，都是一个以让利为核心或者说清晰剩余索取权的产权改革过程。这一过程的难点实际上并不在于产权改革本身，而在于对公平的把握。因此，以追求效率为目标的企业改革，本质上所否定的是被界定为"大锅饭"式的公平。这在理论和实践中作为改革成本被视为必然。大量的"下岗工人"和国家或者说社会成了这一改革成本的主要承担者。从产权改革的目的而言，企业改革在培育市场主体上是成功的。但从城市经济改革的另一个重要组成部分——经济体制改革或者说行政管理体制改革来看，其力度却远远不够。国企改革在产权意义上的"双轨制"给了既有体制存在甚至不断加强的经济基础。这也是城市产权改革面临困境的体制原因。

二、产权改革开始和由停滞到深化所面临的不同阻力

我国的经济改革发端于农村经济改革，而农村经济改革又归功于农民极富勇气和智慧的产权创新。在某种意义上，可以说正是农民最底层的创新思变加快了我国改革开放的步伐。以农地集体所有为核心的家庭联产承包制是符合当时的国内环境的，它首先顺应的是农民对

效率和自身利益的追求，同时基本保持了原有的行政管理体制。在生产力和生产方式普遍落后的现实前提下，在还不存在商品市场的相对封闭环境中，土地的非移动性和单一用途很好地满足了农民拥有自己土地的欲望，承包经营权在这种客观和宏观条件下几乎等同于对土地的所有。因此，无论是农民自身还是作为体制构成的具体利益相关者，对农村产权改革都是持欢迎态度的。从乡镇层面看，仍然是过去公社建构的延续，只不过名称不同而已；从村社两级层面看，除了具体负责人员都有与其他农民同样的农地承包经营权，还减少了以前组织集体生产等的诸多工作任务。因此，对于各利益相关者来说，农村产权改革都是一种帕累托改进，其伊始并没有招致太大的阻力。相反是来自上层的理论和意识形态的担忧，随着后来城市经济改革的开展和不断的理论创新和突破，这些担忧也就自然消失了。

但是，正如前面所分析的，农村经济改革的两大组成部分——产权改革和经济体制改革并不是同时进行和相辅相成的。随着城市经济改革的进行和市场体制的建立，城乡之间劳动力的流动以及不同产业间收入差距的存在，农民增大自身收入的选择面不断扩大，对农地基于缺乏投资和创新的简单农业生产循环所带来的微薄收入不再满足甚至失望。农村产权改革所固有的产权缺陷不仅降低了农民在农地上的投资预期，而且限制了农地的流转和规模化速度。农地出现了源于产权缺失的"反公地悲剧"现象，其主要表现就是对耕地的抛荒、农村基础设施建设的严重不足以及农村集体建设用地的闲置和浪费。尽管各地尤其是发达地区和城市近郊对农地产权安排进行了许多程度不同的创新，但收效不大，伴随的却是大量耕地的流失。工业开发区、科技园区、大学城以及城市化过程中如火如荼的房地产产业的发展，使得原先与农村产权改革"两张皮"式的"乡、村、社"行政管理体制的地位和权力越来越大，它们成了省、市、县各级政府直接或间接配置农地的前哨阵地和主力军，花样繁多的导致农地非农化的所谓农地产权创新已经不是一种帕累托改进，存在着对农民利益的严重侵害。与农村经济改革刚刚开始时不同，深化农地产权改革就必须克服其固有的产权缺陷，但是面临着来自各方面的逐渐积累产生的阻力：其一就是地方政府，它们已经尝到和看到了来自土地的巨大级差和垄断收益，轻易不会放弃对土地这一巨大资源的控制权；其二就是在农地非农化过程中赚取巨额收益的既得利益群体；其三就是城市经济改革过程中产生的新"劳动力大军"，他们会认为自己也应该拥有原属"农民"的土地权益；其四就是纠缠于教条主义的理论和意识形态。

与农村经济改革开始时没有遭遇太大阻力不同，城市经济改革是奔着打破"铁饭碗"而去的，显然不是一种皆大欢喜的帕累托改进，其开始的最大阻力来自需要"下岗"和"分流"的各行各业的"国企职工"。尽管决策层面存在着意识形态和各种各样的担忧，理论界也有不同的争论，但归根结底城市产权改革与这些层面的直接利益无关。因此，城市经济改革才能够从上层较快地启动。应该说，城市经济改革进程中各类企业的发展是一个"八仙过海，各显神通"的过程，乡镇企业的转型、私人企业的蓬勃发展以及"放小"范畴的各种国企改革，为我国的经济改革培育了极具活力的市场主体。本质上而言，产权改革的核心就是资源控制权和收益权的重新分配，在由计划向市场的演进过程中，一是产权改革本身需要对所有权要清晰，二是"价格双轨制"的施行，在走向"做大蛋糕"的效率追求中，培养了一个不完全依赖市场法则的一定阶段的既得利益群体，这可以认为是城市产权改革必须承担的成本。当这个既得利益群体完成了其寻租使命，与体制彻底"断奶"之后，他们就成了或者说不得不遵循市场法则的经济主体,其取决于城市经济体制改革能否建构一个完善的市场体制。从目前来看,无论是农村还是城市,我国经济体制改革的目标仍然远未达到。与"抓大"形成的强势国企一起,行政管理体制的实质性变革已经触及了决策或者说管理层面的切身利益,这种延续的体制本身又是和处于垄断地位的国企休戚相关的。城市产权改革的深化主要面对的是"抓大"后的国企改革,是从产权的进一步效率化入手还是从结合行政管理体制变革的企业内部管理提升入手都不是简单的课题;而城市经济体制的进一步市场化和法制化改革则显得更加任重道远和困难重重。城市产权改革的阻力已经不是当初的"下岗职工",而变成了垄断的大型国企和管理体制本身所形成的或明或暗的巨大的既得利益群体。

三、产权改革的模式选择和理论难题

我国经济改革总体上采取的是渐进主义模式,具体到农村和城市又各自不同。农村经济改革中的产权改革部分是由基层实践发起的,最后得到上层的认可和推广。即使农地集体所有框架下的产权创新,也大都由基层摸索先行,尔后才上升为某一区域或全国范围的政策。这是交易成本相对较低的制度演进方式,符合由实践到理论的逻辑路径。农村经济改革中的经济体制改革则由上层发动,目的在于因应已经发生并得到正式化的农村产权改革的需要。由于"乡、村、社"本身是政府行政管理级层的构成部分,尽管农村产权改革一直存在和发生着来自基层的实践创新,但是相对的管理体制很少自动调整。这也是由其自身的激励机制和政治保障所决定的。从整体来看,农村经济改革又是渐进主义为城市经济改革提供经验和保证的符合当时国情的现实选择。不过,无论是城市产权改革还是经济体制改革,都是由上层发起的，尔后才由点到面、由小到大、由外围到中心，采取的仍然是渐进主义的模式。可以看到，渐进主义的出发点在于实践，本质上是一种不断试错的过程，是在还没有明确目的时的"权宜之计"。农村产权创新的目的在于追求较高的效率和收益，这是各个争论方都认可的一个交集。同样，后来的城市产权改革仍然是为了提高效率和增大收益。这是我国经济改革最后采取渐进主义模式的最大公约数，也是"猫论"和"摸着石头过河"的应有之义。然而，渐进主义的最大问题在于制度演进过程中难以避免的机会主义和寻租现象的盛行。在由计划向市场的转变过程中，资源的资本化和商品化给了经济和权力合谋的广阔领域，形成了所谓"权贵资本主义"的既得利益阶层。如果仍然坚持渐进主义的改革模式，就可能与经济改革的初衷渐行渐远。实际上，渐进主义已经完成了它的使命。

除了作为经济体制改革支撑面的行政管理体制改革的滞后，产权改革的停滞归根结底是一个理论和意识形态问题。40多年来，我们已经解决了改革过程中面对和产生的诸多理论问题。这种思想松绑和理论创新尽管完善于实践，但成为共识却是由上层主导的。显然，渐进主义同样是理论创新和突破的必然选择。目前产权改革的停滞说明指导改革的理论创新开始触及或者说面对核心问题，由于关系着我国经济改革的方向，无论是决策层面还是学术层面在这一问题上都显得谨小慎微，不敢越雷池一步。显然，走向市场主张的完全的"市场经济"并非一种理想的状态，尽管西方发达国家民众有着普遍较高的生活水平，但是贫富分化在愈演愈烈。如果没有开始时残酷的原始积累、后来的政治殖民和现在仍然进行的经济殖民，西方发达国家还能是今天的"繁荣"局面吗？我们必须走这条"丛林法则"之路吗？在这个非帕累托改进的资本全球化进程和强者模式中，试问，谁又应该是我们的"帕累托损失"方呢？"落后就要挨打"没错，但我们难道就应该学着"打"比我们更"弱"的人吗？同样，看到改革中的一些负面现象就产生动摇，甚至主张退回计划保守的旧有模式的观点则更不可取。我们为什么要进行改革？就是因为旧有的体制模式限制了人们的创新精神，效率太低了。而产权清晰和市场经济是保证和提高效率的必要制度平台，这也是资本主义贡献给人类的宝贵财富，我们当然应该"拿来"为发展经济服务。因此，中国的经济改革既不能向右也不能向左，只能走"有中国特色的社会主义"的第三条道路。近来关于"国富民穷"的观点和批评很多，实际上经不起仔细推敲，作为参照的发达国家难道真是"民富"了吗？这个"民"到底有多大比例？让极少数人掌握和拥有绝大部分社会财富就是公平和"民富"吗？对于一个发展中国家来说，"国富"的现实意义更大。这个问题实际上是对"公有制"与效率能否兼容的怀疑，从而混淆甚至认为效率仅仅是和"私有"式产权相关的范畴，将后者看成了效率实现的必要条件。从世界各国的实践来看，所有制范式与效率并没有必然的联系，像新加坡和德国等一些发达国家的国有企业并不比私人企业逊色。从企业成长的历史轨迹来看，无论是西方以个体为主体的所有制范式，还是以国家或社会为主体的所有制范式，都是一个代理问题。效率仅仅是和这种以代理为基础的企业治理和政府管理模式相关，其关键点在于产权的完善，以及政府与企业关系的厘清。我们不仅不应该对"公有制为主体"持怀疑态度，相反，只有坚持"公有制为主体"，才能确保"中国特色社会主义"建设的最终实现。否则，"皮之不存，毛将焉附？"

四、产权改革深化及产权基础重构的可能选择

对农村经济改革来说，从意识形态或者根据土地的特性，面对城市土地国家所有和农地集体所有的所有权双轨制产生的一系列问题，有必要将农地集体所有上升为国家所有，从而形成农村和城市统一的土地国家所有。但这种土地的国家所有更多的是一种虚拟和象征性的所有。对土地尤其是农地而言，只要赋予农民农地的永久使用权，通过完善耕地保护等一系列相关配套法律，明确农民对农地的发展权，就可以彻底解决一直存在并且愈演愈烈的对农地的肆意侵占和寻租问题。在目前框架下的任何所谓创新和改革都很难克服农地产权缺失的问题，也无法杜绝基层各级政府和相关利益人对农地的寻租冲动。除了公益性用地，商品化和市场化过程中的用地需求就应该通过市场解决，而不是借由政府权力和一个虚拟的集体来实现。正如前面部分所分析的，与农村改革前不同，在巨大的土地级差利益面前，农民想要获得农地的永久使用权已经面临着来自多方面的阻力，寄希望于本身成为主要阻力方的地方各级政府继续深化农地产权改革显然是"与虎谋皮"。这也正是全国范围源于土地的上访案件层出不穷的原因所在。显然，农地产权改革已经不可能通过下层的实践继续深化，而只有通过上层来做出根本性的变革。农地使用权一旦被永久赋予农民，相应的农村经济体制改革及其支撑面的行政管理体制问题就可迎刃而解。

城市经济改革则要复杂得多，但主要的问题仍然是一直想解决却实际上没有得到很好解决的政企不分"顽疾"，换个角度说，政府资源配置的权力太大了。这也是为什么人们对"国企独大"甚至"公有制为主体"诟病和怀疑的现实原因。也正因为政府掌握的资源太过庞大，相伴而来的既得利益使得政府本身成了进一步深化改革的主

要阻力。因此，要推进城市产权改革的进一步深化，就应该从减少政府对资源的配置权力入手。而这种做"减法"的过程也就是进一步产权清晰的过程。首先，与赋予农民永久的农地使用权一样，在城市土地国家所有的前提下，也应该赋予城市土地使用者类似于永久使用的权力。从而杜绝政府对城市土地寻租的强烈冲动，迫使其不得不做出科学合理的长期土地使用规划，将精力放在通过发展实业提升经济实力而不是依赖土地财政获取"杀鸡取卵"式的暂时繁荣。其次，就是"国企改革"的进一步深化问题。这里面需要探讨的问题主要有两个方面：其一是国企退出竞争领域的问题。需要反过来思考的是，这是一个真命题还是伪命题？如果国企能够像其他企业一样按市场规则行事，也仍然需要退出吗？是否存在着通过机制改革从管理层面解决这一难题的可能性呢？其二是国企和政府的关系问题。尽管这是一个在理论和实践中已经被肯定回答的问题，但为什么在我国的经济改革中却没有得到很好的体现？已经设立的国资委到底应该向政府负责还是向全国人大负责？从世界范围的实践来看，更应该向全国人大负责。是否应该将国资委划归全国人大作为对全民资产的一个管理监督机构，而将通过从经理人市场对国企管理者的遴选权等授予政府行使呢？最后，既然国资委应该划归全国人大，那么就必须面对政治体制改革的问题。因为只有这样，才能从根本上解决政府对本属市场范畴的竞争经济领域的过度干预问题。但政府的干预与国有资产的市场化运作并没有必然的关联和矛盾。

可见，无论是农村经济改革还是城市经济改革，都已经走到了无法从下层继续实践创新的阶段。作为"财富之母"的最大资源"土地"，在目前的改革框架中已经成了一个难以突破的"玻璃天花板"。同样，如何真正让政府从国企的日常运转中彻底分离出来，而不是通过类似"私有化"的简单方式"放弃"属于全民的资产，已经不仅仅是经济改革的问题了。这些根本问题的解决都有赖于决策层的智慧和决心，这也是中国共产党十七届五中全会和"十二五"规划建议中提出"顶层设计"的真正原因。

第四节　有限自由、土地产权与土地资本化对文化竞争力的影响

由上文可见，城镇化、产业升级和土地资本化等都是基于农村和城市产权改革的一个极其复杂的动态化过程，渐进主义模式在改革开放 40 多年后已经难以为继，以产权改革"停滞"为主要特征的政治经济整体系统改革滞后的矛盾凸显。在这一制度变迁过程中，伴随城镇化、产业升级与土地资本化的社会经济发展和财富极化，文化也悄然发生着改变。总体来看，这一过程对文化竞争力具有较大的负面影响。因此，亟须通过深化系统性的改革，深刻把握经济与文化的内在关系，以社会主义核心价值观为准绳，使社会经济发展步入和谐、法治、自由和公平公正的轨道。只有如此，基于其上的文化竞争力才能够充分彰显中国特色社会主义的文化优势。

一、农民从改革前的没有"自由"到改革后的有限"自由"

何谓自由？这是一个被不断争论和炒作的话题。自由要有一定的财产作为基础，要在符合普适价值法则和被普遍认同的法律框架下行

动。自由最起码是指个体应该有不受威胁的生存权利和劳动选择的权利。对于中国的农民而言，自由之于他们就实实在在地是一个社会问题——"农民问题"的核心。实际上，"三农"问题被社会普遍关注还是改革开放以后的事。1949年中华人民共和国成立后直到1978年的农村改革，尽管农村为中华人民共和国的工业化建设做出了巨大的牺牲和贡献，但由于当时全国上下的关注点都在工业和城市的发展上，农村作为工业化原始积累的主要承担者，大量的财富通过"工农业剪刀差"的方式被输送到了工业和城市，农村和城市的距离被人为地越拉越大。实际上那时候就已经出现了"三农"问题，不过没有受到重视而已。直到农村开始自发地对这种一边倒的社会经济生产和分配方式进行消极对抗和尝试革新，才最终掀开了农村改革的大幕。这一"大幕"的拉开，给注定被固定在第一产业尤其是农业上的农民吹来了自由的气息。可以说，农村改革前的农民只有在土地上劳动的"权利"，但那时候大家有一个共同的愿望，就是工业强国梦想的实现。并非只有农民没有"自由"，从事工业生产的"劳动者"也是没有"自由"的，这是全国一盘棋的计划经济必然的特色。任何生产要素（土地和劳动等）都要服从计划，为主要目标服务，从而也就谈不上劳动者的"自由"。因为他们在计划者的眼里仅仅是一种生产要素而已。对于农村改革前农民没有自由我们还可以从几个方面来看，一是农民没有财产权，尤其是没有土地财产权。这种情况在"大锅饭"时期达到了极致。一个人没有足够的财产基础，就不可能拥有真正的自由。因为至少他要被迫为生存问题而奔波，而不是像马克思所谓的能够"愉快地劳动"。当"果腹"变成了劳动的主要目的时，就很少有"愉快地劳动"了。二是农民没有劳动选择的自由。既然生在了农村，那你的命运就已经注定要"面朝黄土背朝天"一辈子。就连"下乡"接受改造的城市青年，有一部分最后也没有逃脱这种近乎"宿命"的安排。三是农民没有自我发展和自我完善的自由。我们现在所认识到和提倡的"人的全面发展"，对于改革前的农民来说无异于天方夜谭。这是显而易见的。一个既没有土地财产又没有劳动选择，而且被用户籍固定在农村的人，能有什么机会自我发展？

农村改革后，家庭联产承包制等农村新的生产方式的出现，给了农民在农业生产中对土地除了所有权之外的使用权和剩余索取权的权利，使农民对土地起码在土地自然产出的意义上有了准财产权的权利。尽管从法律上来讲，这是一种缺乏保障的"财产权"，但农业生产的成果归农民自己所有却是实实在在的财产。这不仅激发了农民极大的劳动积极性，而且让农民有了争取自由的财产基础。虽然这种基础十分薄弱和脆弱，但毕竟是有了，这就是一个进步。而随着1984年以国企改革为核心的城市改革的开展，乡镇企业的全面开花，90年代"抓大放小"后私营经济的快速成长以及2002年后房地产业的突飞猛进，对劳动力的大量需求给了一直困守在农村的农民尤其是青壮年农民"离开"农村的机会。这是农民获得的又一个"自由"——劳动选择的自由。但是，由于城市容纳能力的严重不足，加上缺乏相应的社会保障，受户籍限制的农民尽管能够在城市里"打工"，但没有或者说缺乏转化为城市居民的能力。因此，他们只能在城市和农村之间来回"漂泊"，形成了世界上最大规模最具特色的"候鸟式"人口流动现象。这就是农村改革后农民获得的"有限自由"的外在表现。什么时候能够实现完全真正的自由，则不仅是农民自己奋斗的问题，恐怕更是一个制度变革的问题。比如对农村土地产权安排、户籍制度以及社会保障等的改革。我们不得不承认，在中国这样一个人口众多的发展中大国，期望短时期内解决这些问题是不现实的，渐进主义道路还是可取的。但是，这样较长的转变过程应该建立在相对公平公正的制度基础上，只有这样，才有可能逐渐解决问题而不是使问题越来越恶化。也只有朝着这个方向，才能够在广大农村构建起符合社会主义核心价值观的文化竞争力，实现乡村振兴的目标。

二、土地产权缺陷下的土地资本化和财富极化对文化竞争力的消极影响

土地资本化是充分发挥土地基础财富功能的一个制度创新，是通过引入资本提高土地利用率和生产效率的经济杠杆，本身并没有对错之分。但是，在土地产权存在严重缺陷的前提下，土地资本化就可能或者说必然带来权力和资本的寻租，中国在土地资本化过程中正在不断上演着这种非市场化或者说反市场的借由"寻租"暴富的神话。而从根本上来讲，尤其在建设特色社会主义的中国，土地作为"天赐"或"非人力"的自然财富，其经济价值应该为全体国民共同享有。如果无法做到这一点，城乡差距的拉大和贫富悬殊的出现，就不仅仅是一个经济规律或者说产业发展规律的问题，而是一个"人为"的问题和无法建立起可持续的文化竞争力的问题。

市场和资本对于土地和劳动来说，主要是一种生产方式赖以存在的制度工具。但市场要符合其公平等价和自愿交易的本质属性，就必须要求市场主体有被交易商品的清晰产权。尤其是在资本主导生产要素和财富生产的生产方式下，产权就是一个必不可少的制度保障。索托在其《资本的秘密》中对这个问题有着十分翔实深入的研究。他指出，在落后或者说发展中国家，土地是一种需要通过市场释放巨大财富能量的"潜在资本"，由于清晰的产权框架还没有被建立起来，土地的财富属性还处于"休眠"状态。这也是许多发展中国家不能够有

效盘活和使用自然资本（财富）的问题所在。诚然，土地和劳动作为"财富之母"和"财富之父"，从工业文明的角度看，即劳动只有和来源于土地的生产资料相结合才能生产出世界银行（1995）所谓的产出资本（财富），如果土地无法在市场上正常交易，从其广义上讲，就无法实现生产要素的有效组合，并最终将资本作为先进生产方式的优点排挤出经济发展可能的选项。这是从土地产权的一般意义上来说的。具体到中国，土地资本化由于特殊的产权安排，呈现出了"八仙过海，各显神通"的混乱局面，其直接后果就是土地利用效率的下降、土地财富的非市场化流失和非市场化对资源配置的误导。

要探讨土地产权和土地资本化的关系及其动态过程中对文化竞争力的影响，就需要厘清几个基本的问题：其一，土地作为基础财富，应该为全民所有、集体所有，还是通过什么样的方式为个体所有？这是不言而喻的。不过更合适的表达方式是，土地作为自然赋予人类（实际不仅仅人类）的财富，其随着经济社会发展的价值增值及其本身都应该为所有人所共享。个体所有、集体所有或者国家所有只不过是经济社会发展的一种需要，适应于特定的生产方式，但其必须服从土地之于所有人共享的这种理念，而且要在经济实践中贯彻这种理念。其二，土地产权安排和土地资本化的结果应该符合公平正义原则，这是社会主义核心价值观的基本要求，也是人类经济社会发展能够实现最终目标的基本原则之一。如果要保证这一结果的实现，就必须保证程序上的正义性。我们知道，中华人民共和国的成立实现了农民拥有土地的愿望，这是符合公平原则的。但之所以要将农民的土地私有转化为"三级所有"（实际上就是国家所有），除了对经典理论关于社会主义构想的某种程度的误读，一个主要的原因还在于为了集中全国的力量进行工业化建设。这也是符合公正原则的。因为从结果上看，国家整体财富和力量的增大增强是"惠及大众"的，尤其是这种集全国之力创造起来的财富并没有被某一个人或者某一部分人所占有。但是改革开放之后，随着市场化步伐的加快，各种所有制尤其是私营经济的遍地开花和日益强大，不可否认的现实是，资本已经活跃于中国经济社会的各个角落。面对没有被及时市场化改造的土地产权，资本的本性就暴露无遗了。这是与公平正义结果严重背离的，不仅加速了财富泡沫化的速度，而且使得贫富分化愈益严重。究其原因，就在于对土地产权尤其是农村土地产权源头设计上的重大缺陷，以及由政府主导的土地资本化程序正义原则的丧失。其三，土地资本化是生产要素重组的必然要求，也是资本能够进入第一产业尤其是农业领域的市场化渠道，只有在清晰的产权主体下（市场主体的正义性，也就是土地财富的占有符合所有人共享的原则），通过公开平等的市场谈判（符合程序正义），才能够保证土地资本化之后的分配符合结果正义。也只有这样，才能够避免土地被释放的巨额财富不利于资源有效配置的快速极化，从而通过发展实体产业和普遍的"民富"加大经济健康发展的速度和提升"萎靡不振"的内需。

对于发展中国家来说，本来国家掌握土地财富有利于推动整体经济的发展，容易实施一些大型的关系国计民生的工业项目、基础设施和公益性设施等，可以避免巨大的交易成本。这也是罗森斯坦在"大推动理论"中所推崇的。我国工业化的快速建设和改革开放后所取得的经济成就，与土地的这一特殊产权安排是分不开的。与东南亚国家（如印度、越南等）相比较，这种优势是十分明显的。但是，事物往往是有两面性的。政府对土地交易的整体干预（因为它是所有权主体），使得除了用于上面所说的符合全民利益的工程项目，大量土地通过市场转换变现后成了私人财富。这种学习效应如燎原之火立即燃遍全国，对于我国本来就非常稀缺的土地资源尤其是耕地资源造成了严重的威胁。

改革开放尤其是城市化进程中随着房地产业的异军突起，土地的市场价格一日千里，沉睡的土地财富被唤醒了！同时也唤醒了资本的逐利本性和人的贪婪。当缺乏法律意义上精细严格的土地规划和对政府行为的监管时，由土地而集合的巨大财富就将人的极端自私自利放大和暴露无遗了。本来极其珍贵的资金来源可以用来发展可持续的实体产业，现在却被用来投机于"资本游戏"，放大了资本的虚拟化，造成了贫富悬殊，财富被以背离公平正义的方式转移给了既得利益者。本来随着产业升级财富的极化是一个市场规律，只不过需要从收入分配上进行符合社会公平正义的调整和干预。尽管中国通过土地资本化的财富极化也仍然属于产业升级的范畴（土地从耕地转变为房地产等的建筑用地），但这种产业升级是缺乏创造性和技术含量的，是不可持续的。不仅进一步加大了城乡差距和贫富差距，而且也埋下了社会不稳定因素。这一切都亟须执政党通过变革现有的土地产权制度和加大收入分配调整力度，严肃认真、及时高效地解决。如果说中国特色社会主义文化竞争力是社会主义核心价值观和中国梦的体现的话，显然这种通过非公平公正方式的财富极化和由此导致的贫富悬殊、部分政府官员的违法腐败以及某种程度的社会风气的败坏等，都是与社会主义精神文明建设及其追求的文化软实力背道而驰的。

第五节　产权改革与体制低效的"反公地悲剧"现象对文化竞争力的影响

改革开放 40 多年来，我国在产权改革和行政管理体制改革两个层面都取得了有目共睹的巨大成就。但无论是农村经济改革还是城市经济改革，都已经走到了亟须进一步创新深化的关键阶段。渐进主义模式尽管减少了改革中的矛盾和阻力，但并没有真正消除这些矛盾和阻力，而是将它们推向了改革的最后阶段。加上渐进主义过程中既得利益群体的形成和管理体制的逐渐锁定，我国的改革之路正面临着前所未有的挑战。同时，产权改革和体制变革中滋生的"反公地悲剧"现象对社会主义文化竞争力的形成在全社会层面带来了很大的负面影响。

一、产权改革和管理体制改革的非激励相容问题

渐进主义改革最大的好处是有利于社会变革的可控性，但它只能完成外围容易实现的改革目标。在这一过程中，正是出于对"摸着石头过河"的担心，改革前全面控制型的政府管理体制并没有得到很大调整。相反，随着农村和城市产权改革的不断进行，市场化过程中对个体利益追求的承认和鼓励，渐进主义也同时培育了一个最终走向改革对立面的既得利益群体。农村和城市经济改革基于不同产业基础和发展阶段的特殊性，产权分割中产生的不同主体的利益诉求和管理型政府向服务型政府转变的滞后，具体到现实中，就是已经获得"有限"市场自由的各类经济主体与正在转型中的管理体制代理者之间的激励不相容问题。这一问题所导致的社会经济系统中交易成本的不断增大，使我国的经济改革呈现出了严重的"反公地悲剧"现象。随着

共生于不合理产权安排、"价格双轨制"以及既有体制惯性的既得利益群体的形成，渐进主义的改革之路已经在"制度锁定"和阶层固化等面前放慢甚至停下了脚步。这是非常不利于符合社会主义核心价值观的中国特色社会主义文化竞争力的形成的。

从农村产权改革和管理体制改革的现状看，农地集体所有已经成了农地产权深化创新的"红线"。尽管各地都有不同形式的"创造"，但无法从根本上破解农地产权安排的缺陷难题。农地集体所有在符合意识形态需要的同时，也给了基层管理体制存在的经济保证。从改革前的"公社、大队、生产队"到改革后的"乡、村、社"，基层管理体制的调整幅度很小，甚至都谈不上是"改革"。过去基层组织本身就是组织范围内农民集体生产的组织者和管理者，如同一个农业生产车间，农民与由上级指定的各基层管理者并没有太大的利益矛盾。至于集体劳动中的"偷懒"等只是管理层面的问题，其导致的生产效率的下降和集体劳动成果的减少也是由组织整体承担的。家庭联产承包制后，农民拥有了在一定年限对农地的使用权和剩余索取权，成了相对独立的经济主体，与转变为"乡、村、社"的基层管理者有了不同的利益追求。在城市经济改革没有全面开展和深入之前，这种不同的利益追求表现得还不明显。但随着城市化和工业化尤其是房地产产业的飞速发展，农村经济出现了两个非常显著的特点。那就是如"候鸟般"不断被城市相对较高收入工作岗位吸引的、来回于城乡之间的规模越来越大的农村劳动力队伍，以及农地转变用途后已经实现的和潜在的巨大级差收益。本身应该转化为为农民服务的基层管理体制，其各级代理者却在农地集体所有权的名义下，变成了农民土地发展权收益的"掠夺者"。这种巨大的发展和分配不公，不仅进一步加大了城乡差距，而且严重威胁了土地尤其是农地的可持续发展。如果不彻底打破目前的农地产权安排困局，农民就只能是这场利益"圈占"中的失败者。尤为糟糕的是，基层管理体制的代理者们正在与各种强势经济主体结成"联盟"，从而形成了一个"保护"既有农地产权结构的既得利益群体。这就势必导致不公平公正甚至违法现象的蔓延，破坏农村人际间的和谐，与体现社会主义核心价值观的中国特色社会主义文化竞争力相违背。

从城市产权改革和管理体制改革的现状看，渐进主义已经完成了对居民个体被动和主动的认识"一致性"改造。这是以外围各种中小型企事业单位的下岗职工承担主要改革成本为根本特征的，同时培育起了认同或只能在市场中寻找工作岗位的城市劳动力阶层。他们与"来回"于城乡之间的农村劳动力一起，组成了转轨经济中基本不具备谈判优势的所谓"弱势群体"。尽管不存在农村改革中的农地产权缺陷问题，但他们同样遭遇了城市化过程中被"剥夺"获取合理份额垄断和级差地租的机会。即使这些巨额的地租收益被用在了增大公共福利的用途上，对于具体的"失地"居民来说也仍然是不公平的。更何况这些通过政府直接干预的地租收益最后大多数情况下被以市场化和商业化的方式流进了个体经济主体的腰包。与国有企业不同，这些在非国有企业工作的劳动者，由于政府管理体制改革的滞后和不到位，基本不具备与企业所有者在工资等方面通过谈判维护自身权益的制度条件。反而是基于地方经济发展的"迫切需要"，政府的天平经常倾向于企业所有者。这些企业所有者不仅包括本国居民，也包括其他境外和国外投资者。在企业层面，主要存在着三大类不同的经济主体：一是为数众多的本土中小型非国有企业，二是外资（合资）企业，三是大型国有企业（包括国有银行）。出于改革不同阶段的目标要求和承担的社会经济角色，这三类企业面临着不同的制度环境。总体而言，本土中小型非国有企业不仅要依赖于市场竞争获取生存和发展的机会，而且要受到来自其他两类企业包括政府的不公平性竞争和行政干预。外资企业在我国一直享受着"超国民待遇"，这些熟谙市场竞争法则的外资企业在占尽一切能够拥有的非市场资源优势的同时，却在不断地抱怨和申诉本土企业对他们的非市场化竞争。大型国有企业不仅吸附和占有了大量的政治和经济资源，而且逐渐形成了自己的独立王国，这样的一个渐进主义道路，使得政府在千头万绪的利益中疲于应付，也使得一些需要立即变革的管理体制得以延续，从而给了一些权力代理者与各种经济主体合谋的机会。因此，城市经济改革中形成的既得利益群体是很复杂的，有经济层面的，也不乏权力层面的，远不是一个简单的"国企"退出竞争领域或者"国富民穷"就能够解释和解决的。

总而言之，无论是农村经济改革还是城市经济改革，产权改革和管理体制改革的非同步进行，加上渐进主义指导思想下的诱致型制度变迁，使得一个既得利益群体的出现成了必然。这种必然源于产权改革和管理体制改革中形成的各类经济主体的激励不相容，同时进一步加深加大了这种激励不相容。对以互利为精神内核的中国特色社会主义文化竞争力来说，这样就失去了公正、法治、平等、和谐等的基础。

二、"反公地悲剧"现象与文化竞争力

"反公地悲剧"是美国学者黑勒在 1998 年提出的，主要指不仅存在着由于产权边界模糊导致的对于资源过度使用的"公地悲剧"问题，也存在着由于产权细碎化导致的对资源利用不足的"反公地悲剧"问题。实际上，如果将每个经济主体对其他个体或整体的责任也

理解成某种产权的话，这一概念就可以推广到如"搭便车"、诚信危机和寻租等十分广义的层面。随着我国农村和城市产权改革的逐步展开，不同的产权结构和相应的管理体制培育了不同区域、不同层面和不同约束条件下的各类利益主体。出于各自的理性算计，对公共事务的不关心和不作为不仅出现在市场个体方面，而且也出现在政府管理体制方面；同样，不仅市场经济主体有寻租的冲动，而且政府管理体制的代理者也有设租的激励；不仅企业盛行短期的不利于社会和职工的机会主义行为，而且政府管理层面也缺乏积极主动监督企业合法和人性化经营的压力。这就导致了我国经济改革中基于产权改革和体制低效的"反公地悲剧"的盛行。这不仅与社会主义核心价值观要求相违背，而且对中国特色社会主义文化竞争力的培育制造了巨大的障碍。

具体到农村，农地产权改革对农地所有权、使用权、剩余索取权以及处置权等的不同主体归属，使得农地所有权在产权权属结构中处于绝对的支配地位，从而造成了农地产权本来不应该出现的整体意义上的细碎化，这也是我国农地产权安排的特色。加上农地所有权代理链条上过多的层级，使得城市管理者也能够直接操纵农地的处置权，从而更加剧了我国农地产权的细碎化。这种特殊的农地产权结构所导致的直接后果就是农民个体的短期行为以及对农村公共事务的漠不关心。如果将农民个体对农村公共资源以及基础设施建设维护等的努力程度和投入意愿看作是属于农民个体的产权的话，除了搭便车问题，即使农民愿意或者假定有义务，由于集体的名存实亡，也无法由某一个个体承担完成组织整合的巨大交易成本。加上农地产权安排所固有的短期预期，个体农民的理性选择或无奈选择就只能是"不关心"。这是发生在个体农民身上的"反公地悲剧"。从农村基层管理者的角度看，除了同样对农村公共事务的不关心，作为行政管理应有的职能，还出现了"不作为"的机会主义问题。尽管存在着产权改革和管理体制改革不配套的问题，但关键还在于对管理者缺乏自下而上的监督压力。不仅村、社层级没有组织农民提供和改善公共物品和公共服务的积极性，乡级政府也没有引导、监督村社甚至亲自投入的紧迫性和主动性。取消农业税和国家加大对"三农"的投入后，不仅没有消除这种"不关心"和"不作为"，反而还出现了基层管理体制代理者之间的合谋和"寻租"问题。这种累加的"反公地悲剧"所形成的负面社会效应，使得改革前培养的集体主义观念荡然无存，不仅恶化了农村经济发展的基础条件，而且也松散了人心，败坏了政府在农民心中的形象。而城市化和工业化飞速发展后不断加大的对农地的圈占，使得政府权力借助虚拟的农地集体所有"膨胀"到了无以复加的程度，从而从权力的层面进一步加深了"反公地悲剧"对农地可持续利用这一共识"公地"的伤害。

　　具体到城市，尽管下岗职工为城市经济改革迈出第一步做出了很大的牺牲，但随着渐进主义形成的包括一些政府管理体制层面的各类既得利益群体的出现，使得这一本身应该在改革过程中加以补偿的整体意义的利益调配被无限延期。这不能不说是一些地方政府某种程度上的"绥靖主义"和对弱势群体必须予以关注上的"不作为"，是一种对社会保障构建的"反公地悲剧"。在一些非国有企业和外资企业中，普遍存在着对雇员权利保障的"不关心"和"不作为"，这是企业追求利润的"天性"，但也与我国在转轨过程中一些特殊和滞后的管理体制息息相关。一些企业雇员没有与强势企业通过组织谈判保护自身合法权益的制度条件，向上负责的部分政府相关部门"惜用"或"慎用"其被赋予的维护职工权益的责任和义务"产权"，从而形成了这个领域的"反公地悲剧"。一些大型国有企业在依靠行政权力形成垄断优势后，在企业治理和企业内部的管理方式上没有根本的改变，除了管理层自我图利，获取经济和政治上的最大化，国企职工也缺乏来自市场的竞争压力，目标多元化和监督不力不仅使得管理层内部出现互相推诿的"反公地悲剧"现象，而且在职工中间也蔓延着"大锅饭"时期明哲保身和"差不多就行了"的"混日子"心态。另外，对生态环境、教育医疗、社会公平、自然资源的合理利用以及社会诚信体系的建设等，也源于管理体制改革的滞后，政出多门，有利益大家"哄抢"，无利益各推其责，形成了不仅农村而且也遍及城市的"反公地悲剧"现象。这些形形色色的"反公地悲剧"现象与社会主义核心价值观所要求的民主、和谐、法治、公正、敬业等相去甚远甚至南辕北辙，基于其上的文化也必然对中国特色社会主义文化形成严重的挑战，其竞争力显然是不可持续的。

第六节　小　结

在城镇化、产业升级与土地资本化过程中，由于产权改革停滞、产权尤其是农地产权缺陷和行政管理体制改革滞后及渐进主义模式后期必然出现的既得利益群体和管理体制锁定等导致的"反公地悲剧"现象和财富极化、贫富悬殊问题的出现，以社会主义核心价值观为核心的中国特色社会主义文化及其竞争力遭遇了前所未有的挑战，基于不同利益主体的意识形态和文化正在不断地发展和蔓延。如果不引起足够的重视和直面挑战，中国特色社会主义的文化圈层就有可能被从外围、中间甚至核心部分逐渐攻破和改造变质。要从根本上改变和扭转这一趋势，还需要从解决其发生的产权改革、财富分配和机制体制等基础层面的深层次问题出发，始终将社会主义核心价值观贯穿于改革开放的每一个环节。就我们在前文中所讨论涉及的问题，提出以下几点建议：

（1）中国需要重新建立清晰的土地产权和改革行政管理体制，要限制政府对市场的过度干预，赋予民众土地财产权；在城市化中应该遵循市场和产业规律，鼓励和大力发展实体经济；加大对农业的投资，出台严格的有法律效力的土地规划和城市规划，将政府主导经济的权力限制在法律框架之内；改革收入分配制度，让经济增长的成果惠及所有民众；改变出口导向的产业发展模式，通过加强国内不同区域之间的合作扩大内需；真正实施工业反哺农业和城市扶持乡村的发展战略，逐步缩小城乡和工农差距等。在这一过程中应该通过一系列完善的配套政策进行政府引导，让各类不同的市场主体通过平等合理的市场竞争走上可持续发展的道路。

（2）世界各国的实践和理论都已经证明了所有权与效率并没有直接的关系，重要的是企业的治理结构和政府管理体制的改革。在我们这样一个仍然存在着较大贫富差距、城乡差距和区域差距的发展中国家，对全民所有资产的"觊觎"最后导致的结果只能是更大的社会不公甚至社会的动荡。要加强和落实全国人大对国有资产负有的监管权，国有企业必须走符合市场主体的道路，做到真正的政企分开，要将国企管理者的遴选完全交给经理人市场，如果国企的管理者能够变成职业经理人，国企的职工也就必须面对来自就业市场的压力。

（3）经济改革不仅包括产权改革，也包括管理体制改革。我国40多年的经济改革本质上更像一个产权改革，行政管理体制的改革显然是滞后的。这在某种程度上也催生了诸多前面论及的"反公地悲剧"问题，同时也制约和扭曲了培育真正市场主体的步伐。行政管理体制改革的反反复复以及各种形式财政供养人口的不断膨胀，究其原因还在于政府掌握了土地等大量资源，而这种基于资源配置的权力使得政府自身有意无意地陷入了"与民争利"的旋涡和悖论之中，政府更多地变成了一个经营者而不是其本质意义上的服务者。这些异化的产生不可能通过既得利益的"自律"得到纠正，只能通过行政管理体制和政治体制改革的顶层设计"铲除"其滋生的土壤。

第五章 公有制主体：中国特色社会主义文化竞争力与文化创新的有效管控和体制保证

第一节　引　言

　　中国特色社会主义文化是社会主义核心价值观在文化上的具体呈现，公有制主体不仅是中国特色社会主义文化坚实的产权基础保障，也是中国特色社会主义文化赖于其上的制度建构的经济基础。如何去阐释这一论断，除了运用马克思主义经济基础与上层建筑关系的理论，从中国传统文化、人性假定、个体与整体的辩证关系、个体主义价值观和集体主义价值观等视角的探讨和分析也同样能够得到符合逻辑的证明。马克思主义学说的整体主义观和中国传统文化"天下为公"的思想具有某种程度的一致性，这种整体主义与完全个体意义下的产权基础是有深刻矛盾的，在西方个体主义价值观体系中没有落地生根的土壤。从中国传统的家国思想探讨家庭和家道长期发展形成的文化伦理和制度规范与中国特色社会主义文化的内在关系，是一个符合历史逻辑的有益尝试。将基于父母的爱经由家庭推及社会成为利他文化的源头是有说服力的，这也是中国文化以家庭和家族为单元的准集体主义价值观的哲学基础。个体意义下的产权基础并不必然产生个体主义价值观，但个体主义价值观必然要求个体意义下的产权基础。因此，合理范围的个体自利有助于个体积极性和创造性的激发和释放，但随着个体主义价值观的盛行和个体意义下的产权基础规模的不断增大，个体自利就可能走向极端自利。这也正是我们要探讨个体意义下的产权基础与中国特色社会主义文化有限一致性的原因所在，也借此进一步推论出公有制主体是中国特色社会主义文化竞争力长盛不衰的产权保证。从一般的意义上，我们能够找到集体意义下的产权基础存在的普适性理据。但就中国特色社会主义语境下的公有制主体而言，土地尤其是集体土地产权安排和国有企业产权改革是尤为重要的两个领域，关涉中国特色社会主义理论和道路的选择问题。尽管在产权改革过程中存在着或多或少、或轻或重的各种问题和困难，但公有制主体的原则不能放弃。没有公有制主体的产权基础，中国特色社会主义文化就成了无本之木。同样，放任甚至推崇个体主义的人性自利（极端自利）假定，不重视个体尤其是执政党、公务员、企业经营者和人文社科研究者等重点人群社会主义人格的养成，就会逐渐失去集体主义价值观甚至社会主义核心价值观的群众基础。因此，不仅要在理论和实践上坚守公有制主体多种所有制共同发展的产权基础结构，而且要通过制度创新和管理创新不断消除现行制度系统和意识形态中不利于中国特色社会主义文化的阻碍和消极因素，使中国特色社会主义文化伴随改革开放的不断深入扩大显示出越来越强的竞争优势和可持续发展能力。

第二节　家庭和家道中的价值观分野与中国特色社会主义文化的关系

　　家是一个很现实的具体存在，普遍意义上，作为个体的人都产生自一个所谓家庭的地方，遗传学和生物学又决定了人是有其社会学意义上的母亲和父亲的，即使技术发达至今天的试管婴儿之类，追根溯源还是有其确定的双亲存在。这好像昭示了从某一断代史的视角所理解的人的来源及其长成问题，与其他生命体尤其是所谓高级动物种群并没有本质的区别。因此，家庭这个东西既可以从基因的角度审视，即所谓认祖归宗，继而衍生出如家族、种族、国家等的概念和现实存在，又可以从社会的角度考察，即中国古人所谓家国天下，这一点与远在其后的马克思和恩格斯遥相呼应，暗示了中国传统智慧与马克思主义在某种程度上的契合。家庭之于每个个体，既是生命的来源，也是其社会人格形成的摇篮。基于此，家庭成了个体与社会之间的一个必不可少的单元，没有家庭，就没有自然意义上的个体，更没有秩序性的、具有爱的这种奇妙黏合剂的社会存在。此之所谓德仁慈悲，也即"老吾老而及人之老，幼吾幼而及人之幼"的意蕴所在。中国文化的集体主义语境也即肇源于此。父母爱儿女甚而舍弃自己的生命乃发乎自然本性，但儿女反哺则更多的是一个教化和社会共同价值观的养成问题。因此，中国的孝文化从某种意义上是人类历史上卓有成效的社会学实践。它逐渐与父母等乎自然的生命之爱构成了中国式或者东方式家道的两个主要价值基础，并将其借由家族、族群和基于其上的社会、国家而蔚然生成整体主义哲学观的东方文化。所谓"明德，亲民，止于至善"，个体和家庭意义上的爱和孝正是其微观基础。更进一步，中国传统文化中的仁，其核心即在于爱，这个爱恰如父母之爱，生命基于它而得以孕育成长。因此，爱是家道的核心，也是社会得以维系发展进步的核心，它是源头之水，是可持续的。所谓"修身，齐家，治国，平天下"，实际上就是将这种源自父母对子女的天性之爱内化为个体的生命之力，通过"修齐"而形成仁德之身，在惠及社会和国家的同时，以孝而反哺于父母之爱。因此，孝是以爱为基础的，是个体承受了父母无私之爱后，由对社会和国家的爱向家庭的回归，是对爱的超越。从这个意义看，家庭以及家道之于一个社会和国家的重要性和基础性不言而喻，谓之中国特色社会主义文化的生命之源和必然组成部分也不为过。

西方学者尤其是新制度主义者将家庭定义为一个类似契约的东西，凸显了东西方文化的差异及工业文明背景下以市场主义为价值判断和实践平台的基本逻辑。这一点正伴随中国特色社会主义市场经济的不断深化发展而对传统家庭和家道带来毁灭性的打击。人性被界定为自利的价值滥觞，与中国文化中所谓"人为财死，鸟为食亡"的观点不谋而合，这种本质上宣扬个体主义至上的思想"潘多拉魔盒"一经打开，在资本主导的财富体系下，就将本来多元化和包容性的个体和家庭幸福，片面化为追求最大化利益或者财富的单一目标。因此，个体主义和市场主义对于有效地增大财富是具有制度优势的，但其内含的价值理念并不是爱，这一点连亚当·斯密也是直言不讳的，即"看不见的手"的本质。或许正是这种本质上的矛盾，需要中国在工业化和市场化的改革大潮中坚守传统文化中发自家庭的这种爱和孝，警惕并且自觉抵制个体主义将自利包装成各种自然法则并内化为新新人类的生活准则和追求目标的文化基因突变。从这一视角，社会主义中国回归传统家庭、重拾家道精神，不仅是对东方优秀传统文化的继承和发展，使其成为中国特色社会主义文化的有益组成部分，而且更是不同社会制度竞争的必然结果。以个体主义为逻辑径向的西方资本主义社会，充分释放了人的自利性，并将其作为社会发展和财富创造的动力，尽管在获取或者攫取财富的过程中不断凯歌高旋，但也给自然和"他人""他家""他国"造成了严重的伤害。从终极性上看，个体主义是不具有可持续性的。这也是马克思主义认为以个体主义为灵魂的资本主义必然灭亡的原因所在。而中国传统文化是以爱为基础的整体主义为基本价值径向的，尽管被曾几何时批谬为"灭人欲"，但就整体主义自家庭走向社会、国家的径向来看，个体正是通过"修齐治平"的过程，达到马斯洛所谓自我实现的最高层次，从而将个体追求上升到整体主义或者说社会福利最大化的高度，实际上是实现了一种更高层次的"自利"，并没有否定"人欲"。这就是中国传统文化独有的"内圣外王"的哲学观，它是以家庭为实践基础的，并用爱作为动力。因此，这是一种可持续的哲学观。与以自利为动力的资本主义价值观相比，其更适合于人类社会的未来发展。也许这是时下或者未来世界所谓"中国热"并最终"走向中国"的文化魅力所在。因此，在文化层面，作为中国人尤其是中国的人文社科研究者，没有必要在西方个体主义的沸腾喧嚣面前错愕失措，在人类社会的漫漫长河中，那只能是"昙花一现"。而文化保护主义或者说文化侵略，只不过是现实主义对不利于自己生存发展的价值观的一种直觉或主动抵制，诚如资本主义不喜欢以爱为动力的整体主义一样，但矛盾即在于，没有爱的个体主义所形成的整体主义只能是一盘散沙。同样，在没有爱的整体主义中，家庭也就消失或者不那么重要了。这是在培育和建构中国特色社会主义文化的过程中亟须关注的。

如果不考虑恩格斯所谓的家庭与私有制、国家的关系，家庭和家道之所以在中国发轫并发达与中国几千年的农耕文明是分不开的。稳定性、区域性和一定的物质保障是传统家庭得以蔓延发展的几个基本要件。在工业文明和城市化的大潮下，这些基本要件正在快速消失。相应地，传统意义上的家庭也处于土崩瓦解之中。市场主义的盛行看起来无法避免个体主义文化的攻城略地，这是当下中国社会面临的最棘手的"发展悖论"。塞缪尔·亨廷顿式的文化优越感正伴随着人类社会对"资本上帝"的渴求而愈益彰显，在中国这片后发的广袤土地上，同样的戏码正在加速上演。问题是，我们能否认为用市场主义的方式处理家庭所具有的关系是合意的？就像所谓发达国家已经描绘出的图案？这仍然是一个要不要保有爱的问题，是一个彻底进行文化改造或者说抛弃整体主义的问题。对于社会主义中国来说，从文化的意义上，如果丧失一种主导性，听任自由主义或者说自然扩展的秩序生成，就是一个生死攸关的问题。因此，关于家庭，在工业文明和市场主义的语境下，如果不想丢弃来自家庭的爱，从责任分担上，个人、社会和政府共同建构新型的适合中国整体主义文化传统的家庭模式就是一条可行的途径。唯如此，才能使中国特色的家道有其扎根生长的土壤。具体到实践层面，这是一个与工业化和城市化模式以及社会保障模式等息息相关的问题。显然，中国特色社会主义文化的建构还必须依赖于一个以公有制为主体的合意的产权基础安排。

第三节　公有制主体是中国特色社会主义文化竞争力长盛不衰的产权基础

一、个体意义下的产权基础与中国特色社会主义文化的有限一致性

中国特色社会主义经历了 70 年的艰苦探索，才形成了以公有制为主体、多种所有制形式共同发展的产权结构，经济形态和经济体制也相应地发生变迁。这是一个无论理论还是实践都经历了漫长、艰难和不断试错的过程，是中国智慧的一次完美展现，也是马克思主义中国化的一个阶段性成果。对个体意义下的产权基础从否定到肯定是一个扬弃的过程，其最终实现的是个体创造性对整体性语境下普遍低效的困境的破解。之所以说个体意义下的产权基础与中国特色社会主义文化是一种有限的一致性，原因即在于满足马克思主义意义的个体所有权在个体主义的语境下会从满足人性有限自利的普遍性走向极端自利的个体垄断，在现实中所呈现的就是财富极化和贫富差距的不断拉大。

从前文中关于家庭和家道的理解来看，父母的爱是无私的，发自天性，源于自然。但这种爱是有明确的指向的，从这个视角看，父母之爱又是自私的，或者说是自利的。因此，可以说自利在其原初和一定的范围内是符合天性和自然规律的。如何将这种源于家庭的父母之爱延伸到家庭之外的其他个体，即所谓的"幼吾幼以及人之幼，老吾老以及人之老"，则是一个基于合作互利的整体主义文化的建构过程，也是一个社会化的过程。除了从父母之爱理解自利，作为个体，自我

生存（类于动植物的生存）是一种本能，就像刚出生的婴儿会吮吸奶汁一样。仅仅从生物学的角度看，这种自爱（自我生存）也是自利的一个必然基础。因此，自利不仅源于家庭，而且基于自我生存（自爱）的需要，没有必要讳言其合理性。这也是个体意义下的产权基础存在的伦理和社会学本质。进而言之，个体意义下的产权基础是自利实现的物质基础和一种社会化呈现，如果一味否定，也就意味着同时否定了自利的合理性。而没有了自利，互利甚或利他也就成了空中楼阁。无论是马斯洛所谓的自我实现，还是新时代满足人民对美好生活的需要，也都将无从谈起。因此，从家庭和个体的层面看，个体意义下的产权基础是必然的，是构成社会的基本单元的物质保障。人民对美好生活的追求，换言之也就是家庭和个体对达到满意的生活质量的"衣食住行"等的物质和精神要求，它们是需要通过个体意义下的产权基础来实现和保障的。唯有如此，中国特色社会主义文化所体现的社会主义核心价值观才会有坚实的家庭和个体层面的物质基础和思想认同。

从经济社会发展的动力层面看，个体意义下的产权基础在符合人性自利的前提下，用西方经济学的话讲，将个体追求效用最大化发展到追求利润最大化，家庭和个体开始超越简单原始的自然意义上的范畴进入联合的、整体意义上的社会层面，原初合理的个体自利就有可能发展为不合理的极端自利。这种极端自利是家庭和个体走向联合（主动和被动）、基于产权制度变迁和财富范畴和规模不断拓展和增大后，自利发展的可能或者说必然结果。正如前文中所阐释的，当源自父母的爱延伸到国家和社会，再反诸父母则为孝，延及他人则为友善和谐。但不幸的是，当个体意义下的产权基础进入生产和交易的范畴，当财富由此不断地被一部分个体所占有，恩格斯在《家庭、私有制和国家的起源》中所描述的情况或者说制度变迁就会发生。这时候源于爱和自爱的自利就逐渐地超出了其合理范畴，走向了自己的反面，我们可谓之极端自利。在没有得到社会、国家和政府层面的反制的情况下，甚至社会、国家和政府也被自利的"自然扩展"形塑为以极端自利为取向的制度体系和文化体系时，财富极化和贫富差距的拉大就成了一个建立在看似合理基础上的不合理结果。这也正是基于个体意义下的产权基础之上的文化竞争力不具有可持续性的根本原因所在。因此，从人性的自然规律和财富创造过程中充分发挥个体自利的主动性出发，在互利合作的制度体系和一定的规模之内，个体意义下的产权基础不仅可以实现个体的全面发展，而且也有利于整体的可持续发展。这种个体和整体发展的激励相容在文化上就与社会主义核心价值观相契合，但显然，在个体主义的语境下，这种结果有赖于社会和国家层面对极端自利的限制，因而只能在一定的规模和范围之内才与中国特色社会主义的文化诉求相一致。

二、公有制主体是彰显中国特色社会主义文化竞争力的最佳选择

完全的个体意义下的产权基础，其个体主义和自利最大化的价值观诉求，会伴随着财富创造规模的不断扩大而形成完全由个体主导的财富垄断和财富极化，可能在这个过程中会给一定范围内（比如一个城市、一个区域或一个国家）的所有个体带来生活水平（生活质量）不同程度的提高，但其内在规律不可避免地会导致个体、区域和国家之间贫富差距的不断拉大，从而造成整体层面的内在张力和不稳定。这显然与社会主义核心价值观所倡导的目标背道而驰。因此，改革开放过程中无论理论上还是实践中类似于"全盘西化"的路径显然是不

可取的，也是完全行不通的。反过来，改革开放前完全集体（整体）意义下的产权基础，由于信息不对称、缺乏激励机制和管理上的官僚主义等，效率低下成了这种产权模式的致命缺陷；面对来自外部（尤其是个体意义下的产权基础）的竞争，在市场上很难有立足之地。在强调整体主义的同时，忽视了个体自利的自然性和合理性，也就否定了个体财富创造中的积极性和主动性。因此从完全个体意义下的产权基础走向了另一个极端，同样会阻碍社会整体效用或者说社会大众幸福感的提升，也谈不上满足人民对美好生活的需要。如此，也就无法体现社会主义文化的优势所在。

中国特色社会主义之特色即在于通过不断地深化改革，打破完全的集体意义下的产权基础，引入个体意义下的产权基础，通过释放个体自利的主动性和积极性，借由市场竞争形成对以集体意义下的产权基础为主导的企业的"鲇鱼效应"，从而破解其低效顽症。但我们必须清醒地认识到，无论如何深化改革开放，都要坚决避免走向完全的个体意义下的产权基础，其道理已在前面相关的章节中被反复阐释了。同样，重新回到完全的集体意义下的产权基础也是不可取和不可能的，所谓"改革不能走回头路"的道理即在于此。那么，唯一的道路就只有中国特色社会主义道路。具体到产权基础安排就是坚持以公有制为主体、多种所有制形式共同发展的产权模式。这既是对马克思主义理论的发展创新，也是马克思主义中国化伟大实践的重要组成部分。从社会主义核心价值观的角度看，我们已经在前面章节中论证过，以个体主义和极端自利为意识形态基础的个体意义下的产权基础，无法实现社会整体层面的和谐，当财富极化和贫富差距等达到一定规模，超过社会所能承受的临界点，所谓公正、民主、平等、诚信和友善等在个体的意义上就将彻底失去普遍的物质保障和现实可信度。而作为上层建筑的具体执行者的政府也必然被完全个体意义下的产权基础绑架，无法破解其系统内在的深刻矛盾。因为这种矛盾本身就是其系统的一个重要组成部分。除非将这个系统打破，也就意味着废除完全的个体意义下的产权基础，否则就将无解。对于社会主义中国来说，自鸦片战争到 1949 年一百多年艰苦卓绝的奋斗，数不清的仁人志士的流血牺牲，才换来了以集体意义下的产权基础为核心架构的经济基础。这种制度优势是极其宝贵的，是几代中国人付出巨大的代价建立起来的，绝不能轻易丢掉。因此，中国特色社会主义的公有制主体是我们的一个巨大优势，它在消除了传统经济体制和机制下的低效等问题的同时，避免了个体对财富的极化和垄断，最大限度地保证了基于普遍个体幸福感提升的社会整体效用（幸福感）的持续增加，从而也真正体现出以社会主义核心价值观为基本内涵的中国特色社会主义文化竞争力的优势。可以说，中国特色社会主义文化必须有公有制主体的产权支持，也是这一产权结构在文化上的必然呈现。它们是一个硬币的正反面，是互为一体的。只有坚持公有制主体，中国特色社会主义文化竞争力才能够不断发扬光大，行稳致远。

第四节　坚持公有制主体的相关理论和实践问题

一、公有制主体存在的一般性理据

公有制主体是中国改革开放长期实践的结果，是马克思主义中国化的一项重要成果。如果不用经典的马克思主义理论进行解释，仅从社会经济发展的历史和现实需要看，我们也能够找到公有制主体合理性和必要性的重要依据。除了接下来要进一步深入分析的土地产权安排和国有企业改革既关乎理论又关乎实践的问题，公有制主体存在的理由还至少有以下几个方面：（1）涉及国家安全、国计民生、自然垄断、矿产资源等的产业通常需要采取公有制（国有）的形式；（2）基础产业、基础设施、军事国防、航天航海和前期投资巨大的科学工程项目等需要采取公有制的形式；（3）公共领域和公共事业范围的不断扩大，需要依靠公共财政的长期巨额支持，仅仅通过税收来源是远远不够的，还有赖于公有制形式在税收之外的利润支持；（4）主流理论认为政府财政收入的主要来源应该以税收为主，在私有制经济体制下，这是一种必然和无奈的选择。但实际情况是，面对越来越庞大的政府预算缺口，仅仅依靠税收已经难以为继。这一点从当今以美国为首的西方发达国家不断增大的财政赤字和巨额的国债就可以一目了然。在公有制主体的经济体制下，除了税收，公有制企业等所创造的一定比例的利润也是国库收入的主要来源之一；（5）尽管完善的市场机制是经济发展的重要平台，但在社会经济发展规模越来越庞大的21世纪，长期的符合整体发展规律和效益的计划显得尤为重要，没有雄厚的公有制主体下的经济结构和产业体系，就很难实现市场和计划的完美结合；（6）对处于经济社会发展劣势的发展中国家尤其像中国这样的超大规模的发展中国家，公有制主体则显得尤为必要和重要。

　　除了以上简单提及的公有制主体存在的一些涉及理论和实践的理据，下面就土地产权安排和国有企业改革做较为深入的探讨，因为这是思考公有制主体和中国特色社会主义文化竞争力的绕不开的理论和实践领域。

二、集体语境下土地产权安排的理论和实践问题及其文化意涵

（一）土地的特性及其在社会经济中的角色定位

土地是先于人类而存在的，这本身就决定了土地的自然性是第一位的。人之原初也是土地的必然组成部分，因此自然性同时是人的首要特性。从物存在的平等性而言，土地作为载体是物本身自然权利的必然。但无论是植物还是动物，都有一个宣告存在后基于生存需求对一定土地及其产出的排他性要求。这不仅仅为人类独有，也是万物共适的自然法则。因此，竞争不只是专属于人的社会性意义的，而更是与自然性俱来的生存竞争。这正是霍布斯丛林法则的源处。个体也许在竞争中被淘汰，但这种"物竞天择"是以土地为核心的整体可持续的应有之义。社会性是物种为了更好地适应自然竞争而发展起来的一种自我保护功能，同样不为人类独有，但是人类创造了最为发达和复杂的社会性网络，并最终实现了社会性对自然性的统治。至此，人类不仅成功地从与土地的一体之中挣脱出来，将自己异化成了土地的对立面，成就了其"万物灵长"的权威，而且还在将自身编进社会性大网的同时，赋予了土地社会性。土地的社会性是以人类创造的土地产权制度为其社会存在的。从人类社会经济的发展历史来看，人类在满足自身存在需求的对土地及其产出的合理性排他基础上，借由不断膨胀的欲望挤压和打破了土地整体意义的可持续性，将土地包括人都转化成了财富或者更后出现的所谓生产要素。在这样一个由人向土地的自然性竞争到人与人之间的社会性竞争的过程中，土地所有权在个体的意义上一直是不稳定的，即使在"普天之下，莫非王土；率土之滨，莫非王臣"的皇权专制时代也莫不如斯。其中一个重要的原因就

是人类在社会化过程中无视个体存在的基本自然法则，丧失了人类个体之间的同理性，从而不仅招致了土地自然意义上的报复，而且更多地引起了人类自身基于分配不均的社会革命。用公平正义的价值观和社会实践来看，作为主要财富和基本生产要素，农业文明时期土地所有权的少数人占有显然是违背个体存在的自然权利的，是一个强制的不稳定的社会系统。同样，在工业文明时期，尽管资本成了生产要素的主导者，但土地仍然是"财富之母"，是愈来愈复杂的社会性赖以生发的自然之源。资本的通约性和市场名义下对人与土地的看似合理的分割，本质上还是违背个体存在的自然权利的，以资本为核心的工业文明仍然是一个隐性强制的不稳定系统。因此，在一个以民主自由和法治为普适价值的社会系统中，诸如土地这种作为人自然存在的不可或缺的基础财富，其所有权不应该为某个个体（如皇权）或某些个体所有，在一定地域内形成的稳定的民族国家才是其所辖区域的土地所有权合适的主体。本质上，民族国家对土地的所有权是将物存在的自然权利上升到了社会意义的国家权力，目的在于保护每个个体基本的自然存在权利。土地的民族国家所有更多的是象征意义的，但这种象征性又是不容置疑的。它所宣告的是平等正义的普适价值，是对既在和未来所有个体的普遍关怀。

土地的国家所有是社会性逐渐转向公平公正后对自然性的回归，是对一部分人借由土地所有权名义剥夺另一部分人自然存在权利的否定。它所昭示的是任何个体都有在同一块蓝天下和同一片土地上生存的天然权利。但国家毕竟是一个抽象的概念，土地作为"财富之母"和生产要素，在通常情况下其使用权还是需要排他性的。这种使用要么是个体的，要么是集体的。但从人类的社会经济实践来看，个体使用更符合效率原则。即使在发达生产力下，也只有建立在个体使用权基础上的联合生产才是更有效率的。人作为个体的自我意识是其自然性的必然反应，人对土地使用权的排他性要求也是实现这种自然性的社会性吁求。这些与土地的国家所有并不矛盾，相反，正如前面论及的，正是人的这种自我意识才逐渐扬弃了土地的个体所有。这仅仅意味着，个体再不能以所有权主体的名义行使对土地的权力。个体拥有的是在经济和市场意义上对任何个体都平等的土地使用权。换言之，只有通过基于自愿谈判的市场交易，个体才会获得属于其他个体的土地使用权。除了国家行使土地的公益属性时对个体土地使用权的征收，个体使用权之间是相互平等的，不存在相互强制的法理依据。正是土地的特殊性，决定了个体对基于垄断性质的土地剩余并没有实然的贡献，这种剩余在自然性的意义上就应该属于由个体组成的整体所有。就如同土地本身非由人所创造，从而任何个体意义下对土地的所有权要求只能是历史某一阶段的强制和牵强附会一样。土地超出社会平均利润的剩余归国家所有是符合自然法则和公平公正的普适价值的。同样，土地发展权所产生的超额剩余也主要源于土地的特殊性，其超出社会平均利润的部分也应该归国家所有。

如此，我们就从理论上明确了土地国家所有的合理性以及由此推论的土地超出社会平均利润的剩余归国家所有论断的必要性。诚然，在一个土地充裕的社会体系中，土地所有权和土地使用权之间并不存在个体生存的必然矛盾。但在土地资源越来越稀缺的社会经济系统中，土地所有权的个体所有就存在着对其他个体自然生存的社会性否定。这种否定是必然要被扬弃的。但在土地国家所有的同时，土地的稀缺性和公共资源问题使得土地使用权的个体清晰化显得同样重要。土地使用权满足的是个体自然存在基础上对利益的市场化追求，这是顺应人的自然性和创造性的，有益于社会财富的不断增大。而土地的个体所有往往具有寄生性，不利于生产效率的提高，也不利于社会财富的创造。这些都是由土地的特性所决定的。

（二）农地集体所有的历史局限性及其弊端

1. 为什么是农地集体所有

中华人民共和国的建立尽管是历史的必然，但与中国共产党土地改革的成功有着直接的关系。正是土地改革彻底激发了广大穷苦农民的革命精神，才使得这个具有绝对数量的阶级成了中华人民共和国得以建立的用之不竭的群众基础。这也是中国革命从农村包围城市能够取得成功的最主要原因。所谓"打土豪，分田地"正是对一部分个体"土豪"垄断土地所有权，在实现自身存在的自然性的同时借由社会性的土地产权规定否定了其他个体"农民或者说佃农"的自然存在性，从而必将招致后者迫及生存极限的反抗。这也就是为什么历史上不断上演着所谓农民起义的根本原因，也是本书认为农业文明时期是一个强制的不稳定体系的历史见证。中华人民共和国成立后，对于选择合作化运动的解释很多。但从本质上讲无外乎两条主线：其一是思想，也可以说是革命道路的选择问题；其二是现实需要。关于思想，既然是社会主义，个体所有的小农经济显然是与此相悖的。因此合作化运动和对资本主义的社会主义改造是必然的，关键在于合适的实现形式。苏联的集体农庄也就顺理成章地成了对小农经济进行改革的最好也是唯一的参照。刚刚得到土地所有权的农民从个体的自然性层面并不是很自愿地加入合作化运动中去的。对于习惯于没有土地的农民而言，还没有形成根深蒂固的个体土地所有权观念，加上合作化是将土地所有权收归"社"所有，农民作为"社"的成员与土地所有权仍然具有某种关联性。这与土地归一部分个体或者"土豪"所有是完全不同的，因而来自农民的阻力并不是很大。关于现实需要，中华人民共和国成立后首要的任务就是在最短的时间内建立工业体系，实现国家富强，面对冷战时期的国际环境，只有集中全国所有资源才可能实现这一目标。而农业合作化运动为我国工业化的原始积累提供了基本的制度平台。应该说，当时的决策是正确的，是在历史的约束条件下挖掘土地和人的最大潜能的一个过渡性的但又必然的选择。但这种体制模式同时内含着两个致命的缺陷，那就是对个体自然性的否定和容易滋生官僚主义。二者的合力最终导致了生产效率的低下。因此，改革开放同样是一个历史的必然。农地集体所有承认了农民个体的自然存在意识，释放了基于个体自然性的创造力，从而提升了与相对落后的生产力相应的劳动效率。但同时，农地集体所有仍然是一个绥靖的产物，除了意识形态的需要，它并没有触动植根于土地所有权之上的官僚主义。在工业化和城市化的浪潮面前，这种官僚主义成了与农民争夺农地巨额级差租金的核心力量。

2. 农地集体所有的弊端

（1）"政企不分"和个体自然性膨胀的回归。农地集体所有以"集体"的名义获得主流意识形态认可的同时，保留了改革前已经十分严重的官僚主义存在的管理体制，以集体为基本单元的少数代理者成了农地所有权的实际控制者。在农地仍然充当农业生产基本生产资料的地方，集体成了一个虚置的概念。而在工业化和城市化延伸波及的地方，随着农地转换用途可能产生的巨额级差租金的出现，集体却成了一个实实在在的释放个体自然性欲望的制度平台。与改革前的工业化原始积累不同，农地借由用途转换产生的级差租金落入了部分集体代理者的腰包，这是市场经济建立过程中以个体所有为目的的商品化原始积累，已经失去了工业化原始积累整体层面上的合理性。与国企改革一样，农地集体所有实际上存在着更加严重的"政企不分"问题，基层政府通过集体这一管道控制着农民最基本的土地生产资料，当市场化将个体自然存在以追求利益的形式表现出来时，集体代理者的自然性就超越了其合理的限度，走向了对农民个体存在的自然性的否定路径。这一点与封建时期少部分个体土地所有权对大部分个体自然存在的否定是没有本质区别的。因此，对于土地这一基础财富，其所有权任何范围或层面的具体化，都有可能导致所有权主体对其自然性膨胀的强制性实现。这是市场经济过程中应该引起注意和必须区别对待的，因为土地的所有权和其他任何物的所有权是不一样的。更为本质地讲，作为后来者的人对土地仅仅具有自然存在意义上的使用权，对土地所有权的任何个体努力都是违背自然性的，也在社会性稳定的意义上是徒劳的。

（2）阻挠农地产权改革深化的既得利益阶层的出现。如果说改革前农地所有权主体的问题涉及意识形态的考量，那么改革 40 多年后农地产权改革的深化所面临的则是更为强势的源于农地集体所有的既得利益阶层的阻挠。社会主义公有制在土地的意义上实际上就是对个体存在的自然性膨胀的否定，这是与土地作为"财富之母"的自然性相一致的，是社会性由狭隘的个体层面向整体层面演进的一个对自然性回归的必然。但基于这种目的的"集体"的设计显然并不是一个整体的概念，它在实现管理意志的同时也给了代理者获取经济收益的产权机会。这种机会就是学术界所谓的产权缺陷。显然，用产权缺陷来解释农地的非农化和农民权益的丧失并没有错，但其容易走入的误区就是将农地的个体所有作为解决问题的方案。殊不知土地的个体所有在条件成熟时仍然会上演个体存在的自然性膨胀对其他个体自然存在的否定。目前围绕在农地集体所有周围的诸如村、社、乡镇、县以及更高层级的政府部门，与市场化和城市化进程中的诸多个体或法人利益主体相互结合，形成了一个规模庞大的以获取农地巨额级差租金为主要目标的既得利益阶层，他们不仅会提着意识形态的大棒反对农地的个体所有，而且会不遗余力地否定农地国家所有的合理性。

（3）农地集体所有和城市土地国家所有的"双轨制"问题。土地所有权双轨制是改革 40 多年来通过商品化原始积累对农民权益的制度化掠夺，基于产业收益的不同和城乡差别对农民土地使用权的极低补偿已经不是为了整体利益的需要，而是纯粹对农民个体自然权利的习惯性漠视。土地所有权双轨制的人为设置，成了城乡差距不断拉大的发动机。这种显失公平的产权设计，为土地所有权的实际代理者创造了极为便利的寻租机会。农地在转换用途中所释放的巨额级差收益被各类强势利益主体以市场的名义瓜分殆尽。这种直接取自土地垄断权或者发展权的租金，如果不是用于整体社会福利或者在相关利益方之间公平分配，就只能是一部分个体存在的自然性膨胀对另一部分个体自然存在的残酷否定。但问题是这样一个显失公允的制度安排，却为什么能够在长期中存在？农地集体所有初始的意识形态需要显然已经被后来的既得利益需要所替代，成了后者提取农地级差收益的产权保障。

（三）农地国家所有的理论和实践合宜性

我国的国家体制决定了土地包括农地的个体所有缺乏意识形态的支持，这是符合人类社会发展的历史经验的。无论如何，土地的个体所有存在着历史倒退的可能。这是由个体存在的自然性膨胀所决定的。主张土地个体所有的观点仅仅关注的是土地产权清晰的问题，却忽视了这种产权清晰存在着对其他个体自然存在的否定的可能或已经是在否定其他个体自然存在的基础上产生的。农地集体所有则不仅无法实现农地产权清晰的诉求，而且在某种程度上甚至带来了比走向个体自然存在膨胀更为负面的影响。因为土地个体所有权的膨胀仅仅否定的是其他个体的自然存在，对土地本身的可持续性并没有伤害。农地集体所有则不仅会否定农民对农地使用权的自然权利，而且会破坏农地的可持续性，从而从根本上摧毁土地这一基础财富。这是由不合理的土地产权安排所导致的最严重的"公地悲剧"问题。可惜的是由于渐进主义改革的路径依赖，加上既得利益形成后导致的制度锁定，这一"悲剧"至今还没有得到根本的改变。农地集体所有的优势在于维持了改革前紧密扎根于农村的行政管理体制，实现了社会底层的强制性稳定，但无法将农民培育成基于财产自由的市场主体，更不利于农地的可持续利用。因此，为防止渐进主义模式最终滑向农地的部分个体所有，从而丧失农村改革初始的公平性，有必要提出和实践农地国家所有的土地产权模式。在这一所有权前提下，赋予农民个体永久的农地使用权，从而彻底抽掉附着于"集体"的代理者对农地的所有权主导。正如前文所论述的，农地的国家所有本来就是社会经济发展到高级阶段后，个体自然存在的普适性对土地产权演进否定之否定的必然结果。中国特色社会主义的建设不应该放弃对公有制主体的坚守，土地作为"财富之母"和基础财富，农地的国家所有不仅能够消除目前城乡土地的所有权"双轨制"问题，还农民一个与城市居民一样的平等的市场主体身份，而且还体现了公有制为主体的政治理念，不存在意识形态的问题。尤为重要的是，农地的国家所有是农村改革中"政企分开"的必要条件。对"集体"代理者农地所有权主导性的剥夺，实际上就是对建立在已经异化为以提取农地剩余为目标的官僚主义管理体制的否定。只有构建以农民永久农地使用权基础上的自愿联合的"新集体"，才能真正厘清和界定基层政府在农村改革中以服务为主体的管理功能，也才能依靠农民的市场主体能动性真正破解

"三农"难题。在具体操作层面，农地的国家所有仅仅是收回了实为"集体"代理者的农地所有权，当然会遭到这些既得利益的反对，但这种反对显然是缺乏正当性的。对于农村改革的主体农民而言，农地集体所有和农地国家所有本身没有多大的区别，在农民的意识中农地本身就是国家的。因此，农民对农地国家所有下的农地永久使用权的获得不可能持反对态度。实际上，农村产权改革的深化主要取决于基层政府管理体制的转化，而这种转化又取决于中央政府对农地集体所有过渡性的体认和反思，而不是将其看作农村改革永恒不变的唯一产权模式。

三、公有制主体下国有企业改革的理论和实践问题及其文化意涵

（一）厘清所有制与效率的关系

理论界有一个普遍的观点，认为私有制比公有制有显著的效率优势。代理理论、产权理论、博弈论以及公共选择理论等也都反复论证和强调了这一点。大量的案例研究也基本支持这一结论。看起来这应该没有什么要争论的。但是，被有意无意忽略的一个前提条件是，这个结论更多地适用于竞争领域和企业规模不大时。当把它普遍化后，就存在着被证伪的可能性。比如新加坡的国有企业效率就比外资企业和私人企业效率高，我们可以找到如国家对人力资本的投入等来解释国企之所以效率高的原因，但这并不能推翻新加坡国企效率高的事实。就如同我们可以认为美国对科技的巨额投入等为知识经济和网络经济的兴起打造了起飞的基本平台，但同样不能由此证明如微软、苹果等的效率就是虚假的。因此，从科学研究的审慎角度看，我们并不能得到"私有制就比公有制效率高"的普遍性结论。我们看到的是，

对于竞争领域的中小型企业，私有制的确存在效率优势。更进一步说，竞争领域中没有形成垄断的私有中小型企业是有效率优势的。那也就意味着即使一个企业是私有的，但如果其规模大到足以形成垄断，无论是买方垄断还是卖方垄断，从主流经济学的角度看，其效率都不是高的。也许它获取了高额的垄断利润，但这并不能说明它效率高。因为效率是有特定内涵的，一个企业效率高同时意味着它给消费者带来了更多的效用。而一个垄断企业攫取的垄断利润越多，同时就意味着消费者丧失的效用越大。因此，关于效率的争论，人们往往将目光盯在了企业的盈利上，而忘记了效率还有一个"孪生"的评价标准，那就是企业提供给消费者效用的大小。从这个角度看，推崇国有企业私有化的主张并没有全面地看待效率问题，或者说仅仅将企业的盈利能力看成了效率的全部。这显然是失之偏颇的。美国是一个崇尚私有制的发达国家，但它并没有放任企业"自我实现"效率，而是出台了一系列反垄断的法律。因此，仅仅依据"私有制比公有制有效率优势"这个似是而非的论据就主张国企私有化是站不住脚的。当然，反过来这些理由同样不能证明国有企业就必然能够增加消费者效用的结论。目前大家对国有企业的普遍诟病恰恰是它降低或者减少了消费者的效用和社会的整体效用。但这与所有制、效率并没有直接的相关性，而更多的是一个企业治理和管理层面的问题。

另一个支持国有企业私有化的论据是由产权不清晰导致的代理问题，认为公有制最大的缺陷就是没有一个终极负责的所有权主体，从而导致机会主义、搭便车和寻租问题盛行。实际上这个论据经不起仔细推敲。且不论公有制的所有权主体是明确的，那种认为全民所有就是全民所无的推论本质上是一种偷换概念的做法，或者就是不愿意面对真正的问题。与私人所有权一样，公有制实际上面对的仍然是一个代理问题，只不过比私人所有权的代理链条在大多数情况下要长一些。我们忘记了用来批判公有制的所有理论，其本身是在解释资本主义私有企业不断产生的一系列问题的基础上发展而来的。也就是说，我们认为存在于国有企业不可饶恕的问题，实际上最先是在私有企业身上出现的。难道将国有企业私有化就能够消除代理问题吗？这显然是不符合逻辑的。这仍然是一个与企业规模有关的问题。在一个资本、生产和消费等都社会化的市场经济中，无论是私有制还是公有制，它们所面对的问题都是一样的，那就是代理问题。如何找到一个最优的代理成本而不是奢望消除代理成本，才是一种真正务实的做法。从这个角度出发，并不是所有的私有企业能够真正"自愿"做到这一点。更多的情况是，私有企业与权力结合后的对消费者效用的"合法掠夺"。借用新加坡学者郑永年的话说，企业就像航行在大海中的航船，能否顶风破浪到达彼岸，关键不在于航船的主人，而在于航船的实际管理者。选择什么样的管理者和如何监督管理者才是主人最应该做的。如果一个主人不争气，那么谁做管理者都一样。因此，国企改革的关键并不在于要不要私有化，而在于如何通过体制改革从企业治理和管理层面入手。

（二）如何破解政企不分

"政企分开"应该是建立现代企业制度的核心，政企不分也就无法实现权责明确和管理科学。遗憾的是，国企改革30多年来，尽管实施了如向企业放权让利、承包经营、实行股份制、抓大放小等一系列改革措施，但仍然没有真正做到政企分开。多数大型、特大型国有企业反而政企越来越紧密，不仅走向了垄断，而且形成了隶属于政府不同部门的"诸侯经济"格局，成了实实在在的既得利益者。

从公司治理的角度看，西方传统意义上的企业所有权人是相对分散的股东，出于节约交易成本和避免"阿罗悖论"等目的由股东大会选举产生的董事会是企业所有权的代理者，它负责企业管理层的遴选和监督等，董事会和管理层严格意义上要力求避免合谋和寻租等的发生。由于私有企业或者股份制企业的董事会成员本身就是企业所有权主体的重要组成部分，他们有监督管理层的所有权激励，因此与管理层合谋的可能性要相对低。具体到国有企业的治理结构，从所有权主体看，国有企业的所有权主体是"全民"，如果将"全民"理解成分散的股东的话，政府就是广义的董事会。如果政府将管理国有企业的职责委托给一个如"国有资产监督管理委员会"这样的具体机构，那么后者就可以看作狭义的董事会。这种看起来繁长的代理链条实际上在政府的层面完全可以通过体制改革和机制设计进行简化，是一个政府体制效率层面的问题。在一个清廉高效的政府，"国有资产监督管理委员会"就可以某种程度上等同于股东大会。同样出于降低交易成本和监督成本的需要，"国有资产监督管理委员会"根据企业规模和不同情况给国有企业选派董事会，使其代行企业所有权职责，这一点与西方传统意义上的企业董事会是一样的。问题的关键在于"国有资产监督管理委员会"与相应的国有企业董事会之间能否真正做到权责明确和监督到位。对于现代企业制度的四点要求来说，"产权清晰"本身不存在问题，"权责明确"更多地应该体现在"国有资产监督管理委员会"和其选派的相应的国有企业董事会之间。现实中存在的问题是，不仅国有企业的董事会由国资委甚至上级组织部门认定，而且监事会和管理层也由同样的途径认定。这就将本身能够从技术上做到权责明确的国有企业治理结构通过人事任命"搅"为一体，使得国有企业的治理结构不仅保留了对收益增大的激励预期，而且增加了对行政职位晋升的强烈需求，从而从根本上扭曲了国有企业治理结构设计的初衷，也就无法实现"政企分开"和"管理科学"的另外两个目标。

因此，要使政企能够真正分开，就必须取消国有企业管理层的行政职级，将管理层的遴选真正推向市场。只有这样，才能切断政府和企业之间的利益交换和人员交叉流动，才能明确董事会和管理层的各自权责。国企董事会更多地负有的是对管理层的监督责任，对管理层的遴选应该由国资委面向市场公平公正产生，具体的企业董事会可以有建议权，从而避免董事会与管理层可能的合谋。对管理层的市场化是十分重要的，除了企业科学治理的需要，管理层的独立化对打破国企的"诸侯经济"格局有着不可低估的作用。同时，管理层的市场化理所当然要求国企职工面向就业市场，从而真正打破变相的"铁饭碗"问题，也有助于解决行政干预和变相私有的"诸侯经济"产生的企业间收入差距过大的问题。

（三）从竞争领域的相对退出

何谓竞争领域？简单而言就是无法形成垄断的产业和产品领域。其他如进入成本低、企业规模小等都可以作为竞争领域的特点。为什么传统理论和实践都主张国有企业应该退出竞争领域？实际上这是一个有待进一步分析的问题。我们知道，这种理念仍然来自西方发达国家。在传统的市场体系国家，私人资本是占主流意识形态的。国有企业除了作为政府履行公共物品提供者的作用，通常是不容许进入非公共物品领域的。换言之，传统市场体系国家的国有企业只能做明显"亏本"的买卖。一旦要进入竞争性和排他性领域，就必然遭遇私人资本的抗议。这实际上首先不是一个效率问题，而是一个如何分割蛋糕的问题。即使国有企业在竞争领域做得很好，也是必须退出的。更何况传统市场体系国家的所谓国有企业习惯于做那些赚钱少甚或不赚钱的公共物品领域（当然对自然垄断的国有经营另当别论），无形中给人们造成了国有企业效益差的感觉。这是一种看起来基于实践，实际上并不公平的实践。因为传统市场体系国家压根儿就没有给国有企业进入竞争领域实践的机会。因此，一味地用是否退出竞争领域评价国企改革的成功与否显然是偏颇的，是对西方理论和观点不加分析的教条搬用。那么，这是不是说明国有企业就可以进入竞争领域呢？这要取决于资源配置的方式。我们知道在计划经济时期，就不可能有私人企业的出现，完全是铁板一块的国有企业。尽管存在效率低和资源浪费的问题，但这种体制的好处也是显而易见的。对于一个遭受经济封锁的发展中落后国家来说，正是这种体制能够很快地最大限度地集合资源办大事。我们不能否认，我国的基础工业和国防工业等都是在这种体制下奠定基础并实现突破的。当然，计划经济的资源配置方式缺乏竞争力是其本身内在的缺陷。改革的一个主要方面就是要建立以市场为主体的资源配置方式，国有企业到底能不能适应这种竞争方式，显然也没有经过太长时间的实践检验。我们所谓的国有企业效率低，大多仍然建立在对计划经济体制下国企绩效的认识上。这实际上也是偏颇的。现在的问题是，市场经济是通过价格机制配置资源的，价格机制是需要通过最大限度的竞争形成的，什么是竞争？就是不同利益主体之间的博弈。那么，要培育不同的利益主体，国有企业就不能独占"江山"。这就是国有企业退出竞争领域的现实需要，也是我国社会主义市场经济坚持以公有制为主体多种所有制形式共同发展的内在精神。但是，国有企业有必要完全退出竞争领域吗？不依靠行政干预，完全通过市场竞争生存下来的国有企业也必须退出竞争领域吗？从逻辑上讲，一概而论显然是机械教条的。因此，我们认为，国有企业从竞争领域相对退出是可取的。这种退出不应该是行政命令式的，而应该采取市场选择的方式。换言之，政企分开后的国有企业如果无法在市场竞争中生存，就自然淘汰；如果能够很好地适应市场，就应该留下来。

（四）利润上缴的法定化

国有企业除了提供非竞争领域的产品和服务，一些关系国计民生、自然垄断以及重要产业和领域也都由国有企业垄断经营。如前面所分析的，在政企分开的前提下，国有企业并不存在必须全部退出竞争领域的理由。在公有制占主体的我国社会主义市场经济建设中，国有企业是公有制的主力军，担负着增大全民财富和全民福利的重要使命。在我国这样一个由积贫积弱起步，目前仍然存在着较大的贫富差异、城乡差异和地区差异的发展中国家，国有企业就更应该发挥其重要作用。那么，这个作用应该体现在哪里呢？就应该体现在不断增大企业竞争力和对国有资产保值增值的基础上为国家上缴更多的利润。如果国有企业不仅不上缴利润，还一味地要政府补血，就失去了其存在的合法性。国有企业与私人企业的根本不同就在于后者依法纳税后的利润归私人所有，而国有企业依法纳税后的利润归全民所有。之所以要以公有制为主体，其宗旨就在于在全国统筹的基础上实现国家和各民族的整体繁荣富裕。如果国有企业的利润归自己所有，那么这种国有企业与私人企业又有什么区别？甚至可以说，一个不能够保值增值全民财富和不上缴利润的国有企业，对社会的贡献还远远不如私人企业。毕竟后者的投资都是自己负责的，也不会在亏损时将责任推给政府。从理论上讲，一个股份社会化的"私人"企业，尽管也存在管理层的逆向选择和道德风险，但那是有限度的。无论如何，管理层都没有理由和胆量将企业的利润"化"为己有。这也是一个职业经理人应该具备的职业操守。那么，为什么国有企业的管理层就能够无视所有权人的权益而机会主义盛行呢？我们通常将这种明目张胆的"抢劫"归咎于所有权主体的虚置。真是这样吗？国有资产归全民所有，这是很明确的。而所谓的代理问题也是私人企业中普遍存在的，不是国有企业独有的。那么，问题的真正根源在哪里？就在于政企不分。这已经在前面分析过了。

因此，亟须与国有企业管理者建立在法律监督框架下的合同，将上缴国库合理比例的利润作为管理者的法定责任，硬化预算约束。对国有企业管理层和员工的工资纳入预审和监督程序，与其他不同所有制企业和行业的工资薪酬实行联动管理，打破国有企业变相私有的问题。借鉴新加坡等国家行之有效的做法，如除了政府层面的严格监管，任何公民都可以通过一定的网络渠道等对国有企业的账目进行查询和质询。如果不从根本上着手改革，仍然因循渐进主义的思维，就只能使问题越来越复杂，既得利益越来越盘根错节。

（五）行政管理体制和政治体制的配套改革

国有企业改革的关键在于"政企分开"，"政企分开"就必须对相应的行政管理体制和政治体制进行配套改革。"抓大放小"后的大型国企和垄断型国企仍然隶属于政府各职能部委，与组织部门一起，这些职能部委对所属国有企业的经营发展和人事任免等都有直接或实质的干预和影响。国有资产监督管理委员会的职责则更多地"被"限制在了"监督"上，并且这个"监督"也往往由于国资委本身的职级定位和缺乏立法打了折扣。这种体制安排除了造成对国有企业的多头管理，不仅无法实现政企分开，而且在某种程度上加深了政企关系。国企管理者理性的第一目标就是如何实现个人行政级别的晋升，企业的绩效这时候反而成了管理者第一目标的一个因变量。这样一种普遍"向上"看的畸变的"官场文化"，成了国有企业企业文化的一个不和谐却又占据主流的组成部分，其危害之大可想而知。在一个企业中，人是最主要的生产要素，国有企业的"人"却被掌握在一些并不直接经营企业的部委和组织部门手中，从理性的角度看，企业管理者能不去想方设法与上级部门"沟通感情"吗？这实际上就是一种对权力的寻租，问题是这样的一种体制安排本身就有相关主体"设租"的激励。从信息经济学的视角看，国有企业管理者与上级职能部委和组织部门之间存在着信息不对称的问题，信号传递成了双方的共同需要，在这个"混个脸熟"的互动过程中，政企可能分开吗？寻租和设租的最后结果只能是大家成了"一家人"，"一家人"成了变相私有的"诸侯经济"。那么监督呢？在巨大的利益面前，这样的监督能起作用吗？

因此，要从根本上解决政企不分的顽疾，除了前面论及的取消国有企业管理层的行政职级，最关键的还是要剥离政府各相关职能部委对企业的隶属关系，将国有企业统一划归国有资产监督管理委员会。相关职能部委只负责行业管理，根据业务分工可以考虑撤并。将国有资产监督管理委员会更名为国有资产管理委员会，相关职能部委可以作为成员选派代表。通过立法，赋予国资委统一管理国有企业的最高权责，可以考虑由国务院副总理兼任国资委主任，全国人大常委会则负责监督国资委依法行政。作为国有资产的代表，国有企业的董事会成员可以由公务员担任，其选派由国资委和组织部门协商负责。这方面新加坡等国家都有成熟的经验可资借鉴。在政治体制改革方面，与国有企业相关的主要是如何真正落实各级人大对国有资产管理委员会的监督和问责，以及如何理顺纪律检查、监察、检察和法院之间的关系等。

就文化内涵而言，国有企业传统意义上的低效是无法实现国家层面的富强的，国企改革必须在提高效率和国有资产保值增值的前提下，在公正、平等、依法和信息透明的制度和法律平台上进行。这些也都是社会主义核心价值观的目标要求，体现着中国特色社会主义的文化竞争力优势。通过国企治理结构的完善，引入真正的、实实在在的市场竞争机制，破除无所作为的大锅饭顽疾，优胜劣汰，无论是企业管理者还是普通职工，都能主动做到敬业诚信、团结奉献和遵纪守法。只有这样，才能实现社会主义核心价值观所倡导的公民层面的价值追求。如果利用各种非法和暗箱操作将国有资产转化为私人所有和肆意挥霍浪费，或者将国有企业当作某一部门或某一部分人的"禁脔"，形成实质上的诸侯经济，造成很大的社会不公，就会败坏政府形象，从根本上打击民众对于文明、和谐、平等、法治和诚信等社会主义核心价值观的认可和追求。因此，国企改革不仅涉及复杂的理论问题和艰难的实践问题，而且还关乎社会主义核心价值观的养成，对培育中国特色社会主义的文化竞争力至关重要。

第五节　对传统人性假定的扬弃：公有制主体与社会主义人格的养成

关于人性的假定或论断，古今中外有各种不同的说法。但归集起来不外乎两大类：一曰人性自利（偏向于自私）或人性为恶；一曰人性利他或曰人性为善。当然也不乏人性不善不恶，介于自利和利他之间的观点。无论是抽象推理，还是源于生活实践，既有自私自利之人，也有大公无私专门利他之人。这些都是一种现实存在，在一定的社会经济条件下很难做出非此即彼的判断。但正如前文中对家庭和家道的分析所指出的，自利是基于自然的自爱社会化的结果，在一定的规模范围内是有其合理性的。只有在特定的外部环境或者经济政治体制下，自利才可能发展为极端自利。而这种极端自利则是不可取的。同样，除了一般意义上的父母之爱有可能发展为完全的利他行为，从正常的自利走向普遍的完全利他则非单独的个体所能达成的，也不具有普遍的社会意义。因此，我们认为，人性是一个源于自爱的自利与社会化后的利他共生的社会学概念，同时它不是冷冰冰的一个名词，而是具体化在一个个活生生的个体身上的。理解人性，除了从其父母之爱和家庭出发，更需要看整个社会或者所谓国家施行的是什么样的产权基础，是完全个体意义下的产权基础还是完全集体（全民）意义下的产权基础？抑或二者兼有且以某一种为主导？人性假定与具体的产权基础是密切相关的甚至是一种共生的关系，用马克思主义理论讲，就是经济基础与上层建筑的关系，这一点在前面的章节中已经有比较深入的论述。从人类历史的实践和现实世界来看，存在着以西方发达国家为代表的资本主义社会和以中国为代表的社会主义社会，这是两种近乎截然相反的社会制度，相应地也有着各自截然不同的价值观体系。其中关于人性，资本主义社会崇尚个体主义和自利（自私和极端自利），而社会主义社会倡导整体主义（集体主义）和利他（友善、奉献和互帮互助等）。正如前面章节中反复提及的，资本主义社会发展至今日，以美国为代表，已经将基于个体主义的自利发展到了社会和国家层面的全面极端自利，其典型做法就是"美国优先"和在政治、经济、文化、军事和外交等方面实施的全面"霸权"。而中国改革开放前的社会主义体制，由于没有重视或者完全忽视了个体自利的合理性，缺乏激励机制等导致了经济效率和社会效率在普遍意义上的长期低迷状态。从一个侧面反映出完全利他的人性诉求仅仅是过度社会化的结果，一旦失去个体合理自利的支撑，就会变得不可持续。改革开放 40 多年来，正是对人性合理自利的承认，才逐渐形成了以公有制为主体的产权结构。不过，无论是资本主义体制下的人性自利还是社会主义体制下的人性自利，都有走向极端自利的天然冲动。尤其是社会主义体制下，如果听任个体自利由自然合理性走向极端自利，并不断地拓展与其相应的个体主义价值观，则公有制主体的产权结构终将被个体意义下的产权基础所取代，这是由个体自利的自然本性所决定的。因此，我们就必须进一步思考如何才能保有公有制主体和养成社会主义人格，这是一个极富挑战的命题。

何谓社会主义人格？从社会主义核心价值观看，国家层面（富强、民主、文明、和谐）和社会层面（自由、平等、公正、法治）的价值观体现的是由制度体系支撑的整体意义上的文化竞争力，是社会主义人格养成的宏观条件和制度保证。个体层面（爱国、敬业、诚信、友善）的价值观诉求才是社会主义人格的本质内涵。因此，社会主义人格不是一个抽象宏观的概念，而是必须体现在一个个具体的个体身上的。实际上，"爱国、敬业、诚信、友善"是一个普遍意义的价值诉求，并不是社会主义社会所独有的。资本主义社会同样推崇这些理念。那么，如何分析这一看似不具唯一性和矛盾的现象呢？关键在于：一是要立足于完全的或主导的产权基础看；二是要看这些理念相对于所有个体的普遍性如何。基于完全的个体意义下的产权基础的个体自利，相应的制度体系和宏观条件不仅无法限制反而加速了其走向极端自利。尽管不是所有个体自利都能"实现"极端自利，但这种现实和学习效应就已经使得"爱国、敬业、诚信、友善"等理念失去了普遍性和客观生成的价值观土壤。进而言之，基于其上的国家层面和社会层面的价值观诉求，所谓"富强、民主、文明、和谐"和"自由、平等、公正、法治"等在资本主义社会也是被极力宣称的，但在个体极端自利的主导下，换言之，在完全的个体意义下的产权基础下，都变成了空中楼阁和少数人借由财富极化控制和剥夺大多数人的"美丽的遮羞布"。因此，社会主义人格是微观个体和宏观整体的统一，其不仅由具体的个体来体现，而且也必须有公有制主体的产权结构和一整套制度体系的支撑和保证。社会主义人格不是对一部分个体的要求，而是对所有个体的普遍要求。同样，社会主义人格不仅推行"至善"于社会主义国家内部，而且"惠及"所有"人类命运共同体"成员之间。社会主义人格不是口号，而是实实在在地促成人类走向美好明天的社会实践。

那么，在社会主义人格的养成过程中，我们应该尤为关注哪些方面呢？

一是要坚持公有制主体。这是社会主义社会之所以存在的产权基础，也是集体（整体）主义价值观的物质保障。无论改革开放走到什么阶段，深化到什么程度，都不能丢弃公有制主体。国有企业改革已经走过了30多年的历程，总体上遵循的是提高效率和产权结构的不断多元化。但不可否认的是，在产权改革和市场化的过程中，国有资产的流失是一个十分严重的问题。在当前的混合所有制改革中，国有资本的保值增值变得更加复杂和隐性化，这是一个尤其需要从理论和制度上建构完善的重大课题。对于普通个体来说，在企业尤其是大型、特大型企业面前，由于信息不对称和知识化、规模化以及社会分工等的限制，已经很难或者根本没有能力和意识去关注国有资本的问题了。这就给公共权力的执行者提出了更高的要求，也给制度的公开透明和完善等提出了更高的要求。

二是执政党队伍建设。随着社会经济问题和外部环境的日益复杂多变，公共领域（包括政府范畴）也正变得越来越专业化。这也就意味着公共管理（包括政府管理）成了一个非常专业化的领域，公共管理者不仅需要掌握相应的专业知识，而且需要掌握大量的相关领域的知识，并且还要坚持终身学习，不断进行知识更新。因此，今天的公共管理者或者说公务员队伍应该是具有很高专业素养和良好知识结构的精英人才，他们不仅是优秀称职的管理者，而且也是细致入微、忘我奉献的服务者。中国特色社会主义不仅需要执政党队伍具备这些基本的素质和能力，而且必须率先典范、全面体现和遂行社会主义核心价值观。只有如此，才能够在制度支撑体系和宏观层面（国家和社会）实现社会主义人格的系统性、普遍性和一致性。

三是对传统人性假定尤其是西方人性自利（自私）假定的扬弃。人性自利有其自然性和合理性，但在个体意义下的产权基础和个体主义价值观下，往往发展为自私自利甚至走向极端自利。中国传统文化中也有诸如"人为财死，鸟为食亡"的观点，都是自利非理性化的结果，与当时的产权基础密切相关。正如前文中论及的，自利源自父母之爱和自身生存的自爱，在合理范围内是个体的自然反应，无可厚非。但将自利上升为自私自利甚至认为极端自利也是理所当然的，就是一种社会化和价值观的结果，就已经超越其自然合理性而进入有意识的文化塑造范畴。这种目的性一个显著的体现就是围绕个体主义和自利极端化所形成的一系列人文哲学体系，其中最堂而皇之的，就是西方经济学所谓人性自利对最大化的追求的合理性论证。在本质上，这种论证无异于为极端自利寻求学术和理论上的证明。但显然，其关于人性的前提假定是经不起推敲的。因此，无论建立其上的逻辑论证看似多么严密，也是建立在沙滩上的高楼大厦。在改革开放的 40 多年来，西方各种学术理论和人文思潮也席卷而来，其中人性自利（极端自利）的假定借助西方经济学的盛行也大行其道，并逐渐形成具有一定实力的个体主义奉为圭臬并成为其价值观的主要组成部分。这种取向是与社会主义核心价值观截然相反的，其在产权基础诉求上必然是完全个体意义的。如果任由其发展壮大，则终将超越其合理性而走向改革开放目标的对立面。因此，对传统人性假定尤其是西方人性自利（极端自利）假定必须看到基于其上的完全个体意义下的产权基础本质，承认个体自利一定程度的合理性，发挥个体基于其上的主动性和积极性，将这种合理范畴的个体自利与社会主义人格相融合，实现对其狭隘自我的超越以及通过激励相容的制度设计保证个体和整体目标的一致性。

四是对企业经营者尤其是个体意义下的产权基础所主导的企业的经营者或所有者的社会主义人格养成的重视。尽管个体意义下的产权基础在财富创造领域通常是遵循个体自利最大化的（或满意化的），但在以公有制为主体的中国特色社会主义框架下，在充分释放和保障个体主动性和积极性的前提下，还亟须以社会主义核心价值观来主导整体文化，引导和限制基于个体意义产权基础的个体自利走向极端自利，防范其经由文化的拓展而达成整体社会在产权基础领域的个体化主导。这是在中国改革开放渐进主义过程中越来越凸显的基于不同价值观逻辑的深层次文化冲突，能否解决好这种冲突事关中国特色社会主义的"道路自信"和"文化自信"。同样，国有企业和混合所有制企业中，经营者社会主义人格的养成更为重要。这不仅关系到企业效率，而且关系到国有资产的保值增值和公有制主体地位的巩固与否。

五是对普通大众（全体公民）社会主义人格养成的重视。中国共产党作为执政党，其执政理念是"为人民服务"。实际上，"为人民服务"不仅仅是执政党和政府官员（公务员）的宗旨，也是一个具有普遍社会意义的行为准则。具体到每一个个体公民，"为人民服务"就可以转化为"我为人人，人人为我"的一种互帮互助、团结友爱的文化氛围和社会实践。这也正是社会主义核心价值观在个体层面的要求。在公有制为主体多种所有制形式共同发展的产权结构下，个体主义和集体主义价值观也在不同程度上影响着每一个公民，尤其在充分释放个体主动性和积极性的过程中，个体自利有可能不受任何阻碍和惩罚地走向极端自利，从而导致一种负面的学校效应，使公民个体对社会主义核心价值观产生怀疑，影响其社会主义人格的养成。这就提醒我们，不仅要在公共管理层面（国家层面和社会层面）信守和贯彻遂行社会主义核心价值观，而且要关注产权基础结构变化对社会整体文化的影响，因为社会整体文化的变迁往往会直接作用于个体公民的价值观。这不仅是一个文化问题，更是一个制度建设问题。

第六节 公有制主体下城乡统筹发展中的文化产业与文化创新

文化创新是贯穿于文化圈层（核心部分、神经网络和外围部分）的所有部分的，从前面章节的论述中，我们认为，处于核心部分的政治文化和经济文化创新同样起着对整体文化创新的主导作用。随着改革开放的不断推进和拓展，形成了以公有制为主体多种所有制形式共同发展的产权基础格局，与农村经济改革不同的是，城市经济改革（国有企业）是自上而下的改革，其首先发轫于处于文化圈层核心位置的政治文化和经济文化的主动变革创新，通过寻求神经网络（意识形态）系统在理论认识和社会舆论上的争辩统一，最后才推行落实到具体的产业和企业组织。这种文化创新是一种先由被动创新再到主动创新，类似于道格拉斯·思诺所谓诱致型变迁的过程。随着产权基础结构的变化，基于其上的价值形态逐渐丰富交融起来，文化也不再是单一取向的。所谓西方资本主义文化的"入侵"，是一种伴随个体意义下的产权基础规模不断增大的必然结果。改革开放的一个主要目标在于激发个体的主动性、创造性和积极性，就需要充分尊重和释放个体自利的合理性。在这个前提下，基于个体意义下的产权基础的个体主义价值观，其存在也是改革开放成果的必然组成部分，具有内生的逻辑必然性和合理性。然而，正如前文中反复论及的，个体自利在条件成熟时，或者甚至会创造条件走向极端自利，从而导致改革出现"颠覆性"错误。如何防止这一现象出现，就只有坚守公有制主体的产权基础结构。这也就是我们在探讨文化产业和文化创新时要冠以公有制主体的原因所在。

从社会主义核心价值观或者中国特色社会主义文化竞争力的视角看，城乡统筹发展是一个必然的选项。因为无论是从国家、社会和个体公民的任一层面，社会主义核心价值观所倡导的都是包括城乡的最普遍意义的奋斗目标和发展结果。如果城市变得越来越繁荣发达而农村却越来越贫穷落后，这种差距无论是体现在物质还是精神层面，都是与社会主义核心价值观和改革开放目标背道而驰的。因此，应该充分运用公有制主体的产权优势和基于其上的制度优势，通过"工业反哺农业""城市反哺农村"和"乡村振兴战略"等措施大力解决"三农"问题，实现城乡一体化发展。具体到文化产业和文化创新，除了充分释放个体创造性和遵循市场规律，基于公益性和公共领域事业的发展需要，政府的责任和作用则显得尤为重要。而公有制主体的产权基础在城乡统筹发展的战略实施中必将充当重要角色和提供坚实的物质保障。这也正是中国特色社会主义集中力量办大事的优势所在，是以个体意义下的产权基础为主导的政治经济体制无法比拟的。因此，坚守公有制主体的产权基础结构不仅是对马克思主义理论创新和逻辑发展的结果，更是基于丰富的实践和经历了长期艰难曲折的历史检验的。

对于发展中国家尤其像中国这样超大规模的发展中大国，改革设计初期奉行的非平衡发展战略不仅是基于理论论证的选择，更是现实社会经济条件下不得不选择的发展路径。40多年的快速发展，在取得整体巨大成就的同时，也导致了区域和城乡发展之间的巨大鸿沟。个体公民尤其是城乡居民之间的发展条件和贫富差距也日益增大。这是中国特色社会主义发展阶段中的必然现象，也是到了必须加以解决的时候。从社会主义文化的视角，这种社会经济发展的严重不平衡非但不能体现社会主义核心价值观，而且任由其发展下去，还有可能摧毁人们对中国特色社会主义的道路自信和文化自信。因此，自党的十八大以来，以习近平同志为核心的党中央才提出了一系列如"乡村振兴"等的平衡区域和城乡差距的重大战略，中国的改革开放自此进入了平衡高质的快速发展路径。此谓之"新时代"，实际上也是中国改革开放经过多年的发展积累进入一个平衡发展的路径的转折点。在已经建构的相对完善的市场体制下，具有普适价值的市场法则很难或者说几乎不可能破解如此大规模的区域和城乡差距。这一点即使在已经发展了数百年的西方发达资本主义国家也没有完全解决，实际上其导源于发展不平衡的贫富差距拉大现象正在愈演愈烈，没有办法得到根治。只不过在个体意义下的产权基础下，个体主义价值观的普遍推行和自利（极端自利）文化的主导，使得这种违反公正平等普适价值的非正常发展模式及其结果被当成了正常合理的必然。作为社会主义大国，仅仅依赖市场机制是没有办法也不可能解决区域和城乡差距的，因为市场机制的优胜劣汰功能在不受第三方干预的前提下必然走向规模化和集约化，在带来积极效应的同时，也难以避免地导致财富的极化效应。如何引导和防止这一近乎必然的趋势和结果？不仅要强调和凸显政府对社会经济发展计划调节的责任和义务，更要挖掘和发挥公有制主体的优势，在遵循市场法则的前提下善用和加大其社会责任。具体到城乡统筹发展下的文化产业和文化创新，除了激活市场机制和个体创造性，文化尤其是体现社会主义核心价值观的中国特色社会主义文化所具有的准公益和公共属性，政府和公有制主体的产权基础就显得尤为重要了。

这种重要性主要体现在几个方面：一是从非平衡发展到平衡发展的国家战略调整转折点，不仅需要政府对包括广大农村的落后地区加大财政支持力度，而且亟须培育和增强落后地区集体意义下的产权基础对公共领域问题的解决能力。具体到文化领域，比如城乡公共文化设施（图书馆、文化馆、博物馆、艺术馆等）的建设和有序可持续经营，自然文化遗产的保护，民间手工艺品的保护发展，古民居古村落的保护利用，传统戏曲、音乐、建筑、节日和风俗等的开发、传承和保护，百年老字号和民间知名品牌的开发利用等，都需要公共财政和公有制主体的产权基础的参与和支持。二是从文化圈层的不同部分来看，文化产业属于文化圈层的外围部分，既可以以集体意义下的产权基础的方式经营，也可以以个体意义下的产权基础的方式经营，其文化产品主要面向市场需要，受市场规律支配。但文化创新的内涵更为广泛，不仅文化产业层面需要创新，而且尤为重要的是，处于文化圈层核心的政治文化和经济文化以及中间部分的神经网络（意识形态）也需要创新。因此，文化创新是一个系统工程，是坚守体现社会主义核心价值观的中国特色社会主义文化，还是放任个体主义自利（极端自利）文化的盛行，关系着改革开放的道路自信和文化自信的养成。在城乡统筹发展中，尤其要从文化圈层核心和中间部分的创新视角看待和重构城乡文化发展体系，充分运用核心和中间部分对外围部分文化产业等的引导和制约作用，在培育完善文化大市场的同时，坚守中国特色社会主义文化的包容性和主导性。这些都需要公共财政的大力支持和集体意义下的产权基础的物质保障甚或发挥主体作用。三是脱贫攻坚战（精准扶贫）和乡村振兴战略中除了充分发挥个体能动性，政府在政策资金上的倾斜支持、发达地区和国有企业的对口帮扶以及大力发展几近凋零的集体经济等，都体现了公有制主体产权基础上中国特色社会主义"共同富裕"的文化内涵和制度优势。尽管存在着一些资源低效利用和不可持续发展的问题，但都是能够通过竞争和监督机制等加以克服和完善的。无论如何，在人类历史长河和世界范围内，中国特色社会主义在缩小区域和城乡差距、消灭大规模绝对贫困和普遍提高民众的生活水平等方面所取得的成就是绝无仅有的。这也从一个侧面证明了坚持公有制主体的重要性。四是城乡一体化发展必然要求"共同富裕"，个体意义下的产权基础有利于个体借由创造性和主动性实现"先富"，对于基于其上的部分个体而言甚至能够实现大规模的财富极化。但能否在此基础上进一步实现"先富带动后富"和"共同富裕"，个体主义价值观及其自利（极端自利）文化显然无法给我们确切的答案。既然"共同富裕"思想与个体自利（极端自利）是矛盾的，就需要用社会主义核心价值观去"影响"和"改造"生发于公有制主体下的个体主义价值观，使其个体自利回归于合理范畴，进而认可甚至主动实现"共同富裕"。诚如斯，就是中国特色社会主义文化自信的又一力证。但这种"改造"是以公有制主体为保证的。正是集体意义下的产权基础主导了社会层面文化取向的集体（整体）主义，加上基于其上起主导作用的政治文化和经济文化，使得个体主义价值观能够在某种程度上限制和削弱个体自利走向极端自利，从而为"共同富裕"在个体产权的意义下的实现创造了价值观基础。这种基础并不是由"自然扩展"而来的，也远非基于简单的市场竞争机制，而是基于产权结构特性的一种文化再造。

第七节　公有制主体下制度创新之于中国特色社会主义文化竞争力的意义

中国特色社会主义坚守的是以公有制为主体多种所有制形式共同发展的产权基础结构，公有制主体是中国特色社会主义的本质特征之一。社会主义核心价值观和体现这一价值观的中国特色社会主义文化及其竞争力就基于公有制主体的产权基础。公有制主体的优势需要通过中国特色社会主义强大的文化竞争力展现出来，其合理性和可持续性也即在于此。改革开放前的完全计划体制无法充分释放社会主义文化的优越性，这一点只要与同时期的不同国家进行简单的比较就能够看到。改革开放40多年来，随着基于公有制主体产权基础结构的市场机制的建立和完善，市场经济的主体地位得以确立，成为资源配置和不同所有制主体之间竞争与合作的主要平台。相应地，经济体制、政治体制、行政管理体制和社会管理体制等也发生了深刻变革，制度效率得到极大提升。中国特色社会主义文化的优越性再次绽放，文化竞争力大幅度增强。面对西方个体主义价值观和个体极端自利思想的渗透和挑战，中国特色社会主义的文化自信得以树立和加强。但改革永远在路上，中国特色社会主义文化竞争力的可持续有赖于不断的制度创新和管理创新。

制度创新和管理创新的方向就是在国家、社会和个体公民三个不同的层面充分体现社会主义核心价值观的要求。这种要求不是喊喊口号就能够实现的，需要切实高效的制度设计和以人为本的管理服务。"富强、民主、文明、和谐"作为国家层面的价值观要求，意味着一切阻碍财富创造和经济发展、一切不利于人民当家做主和民主集中制良好运行、一切相悖于 21 世纪人类文明的政治经济和意识形态等教条主义的盛行以及一切破坏社会主义和谐社会建构的制度规范都亟须变革创新；"自由、平等、公正、法治"作为社会层面的价值观要求，意味着借由每个个体组成的社会是自由、包容和开放的社会，每个个体都能够被平等和公正地对待，每个个体在遵守法律的同时也能够得到法律的公平保护。如果个体之间是不平等的，个体之间的自由是相互冲突的，法律的天平在个体之间是倾斜和不公正的，则相关的制度就亟须打破重建和变革创新，相关的管理也必须转向以人为本的服务创新；"爱国、敬业、诚信、友善"作为个体公民层面的价值观要求，意味着优秀传统文化的传承、教育体系（家庭教育、学校教育、社会教育、网络教育和终身教育等）的健全和与时俱进、奖勤罚懒等激励机制和社会信用体系的建立以及互帮互助和团结友爱等社会良好风尚的形成，都需要相关的制度设计和制度创新，也需要"人人为我，我为人人"的管理服务模式的创新。只有通过不断的制度创新和管理创新，制度和管理目标与社会主义核心价值观要求相一致，才能够更充分地体现中国特色社会主义文化的优越性，不断提升文化竞争力和增强文化自信。

从制度创新和管理创新涉及的范围看，原则上社会政治经济生活的所有领域都是践行社会主义核心价值观的场域，都从不同的层面体现着中国特色社会主义文化。具体来说，如政治体制、经济体制、行政管理体制、城市管理体制、乡村管理体制和社会管理体制等就是制度创新的重点领域，这些制度不仅关系到公有制主体地位能否坚守、执政党长期执政的合法性如何解决、行政管理体系的便捷高效、城乡管理的科学化和人性化以及社会管理的透明有序等，而且关系到社会主义核心价值观的具体化和制度化，关系到中国特色社会主义文化竞争力在每一个制度体系中的具体展现。另外，从管理创新的角度看，如政府管理、城市管理、乡村管理、社区管理、社会管理、区域管理和自我管理等，除了管理的制度架构和流程层面的创新和再造，管理的科学化、人本化和服务化等应该是管理创新的主要取向。比如政府管理，就涉及政府纵向层级、横向部门和部门内部的设计安排，政府功能和管理范围的探讨，政府管理技巧、管理伦理和管理效率的比较选择，公共财政和公共投资等的科学化和法治化，公务人员的选拔、使用、晋升和奖惩等诸多方面；再比如乡村管理，就涉及乡村规划、集体经济发展、乡村生态建设和传统文化保存、乡村社会保障、村干部选拔配置和考核等诸多方面。总之，管理创新的取向主要在于提高管理效率和以人为本的服务，这也是体现社会主义核心价值观的中国特色社会主义文化的优势所在。

第八节　小　结

以下是对本章内容的几点简单归纳和总结：

（1）家庭和家道在某种程度上可以认为是中国传统文化的出发点和归宿，中国文化中的集体主义就是基于家庭和家族之上的。父母之爱和自爱是个体自利自然意义上的基础，经由"修、齐、治、平"的社会化过程转化为利他行为并反诸父母则为孝。在中国传统的家庭和家道观念中，以家庭为单元的整体发展已经蕴藏了公有和整体主义的种子。当这种社会最基本单元的家庭或家族发展模式延伸至"国"与"天下"时，"天下为公"和整体主义就升华成了中国文化的内核。这也正是马克思主义能够在中国扎根并繁荣昌盛的文化密码。因此，中国特色社会主义文化不仅不应该与中国传统文化割裂，反而需要从中国传统文化中汲取有益的营养。

（2）个体意义下的产权基础是个体自利在合理范畴下的一种物质保证，在激发和释放个体主动性、积极性和创造性上与中国特色社会主义文化竞争力是一致的。但当个体自利走向极端自利，个体意义下的产权基础寻求或开始主导产权结构时，就走向中国特色社会主义文化竞争力的反面。这种经济发展的逻辑径向，提示我们必须坚守公有制主体的重要性。换言之，只有公有制主体才是中国特色社会主义文化竞争力长盛不衰的产权保证。

（3）公有制主体的产权基础结构有其存在的一般性理据，其中公共领域的不断拓展是一个较为普遍接受的理由。但从中国特色社会主义文化竞争力的视角，公有制主体的存在就成了一种必然。在社会经济实践中，土地尤其是农村土地的产权安排和国有企业产权改革是坚守公有制主体的重点领域。城市土地国家所有和农村土地集体所有尽管符合公有制主体的要求，但由于城乡土地产权主体的权利差别，容易产生严重的寻租问题，导致与土地相关的腐败和侵害农民权益的现象层出不穷。这些问题的解决，仍然需要在坚守公有制主体的前提下进行。国有企业改革首先需要厘清所有权和效率的关系问题，必须从理论和实践上说明公有制并不必然意味着低效率，从而防止借此导致的国有资产的大量流失。国有企业改革并不是要必然改变其所有权性质，而是公司治理结构的完善，更多的是一个管理层面的问题，要防止一些别有用心的误导。国有企业要打破和防止诸侯经济式的准私有化或部门私有化现象，要建立法定的硬性的盈亏问责奖惩制度和利润上缴国库制度，要真正做到政企分离，将国有企业管理层的遴选交给经理人市场。土地产权安排和国企改革都涉及大量资源的重新分配，难以避免地会出现或多或少的寻租和权力腐败问题，但必须正视和消除这些阻碍因素。在产权改革的不断推进中，尤其在正在进行的混合所有制改革中，公有制主体的"弦"更不能放松。从中国特色社会主义文化的视角，产权改革的过程应该也是一个体现社会主义核心价值观的过程。如果存在普遍的寻租和腐败，或者出现国有资产的大量流失，就与社会主义核心价值观背道而驰，与中国特色社会主义文化更是格格不入。

（4）坚守公有制主体与社会主义人格的养成紧密相关。所谓社会主义人格，简单讲，就是能够践行社会主义核心价值观的主体特性，具体而言，就是能够自觉践行社会主义核心价值观的社会主义建设者和接班人的人格特质。执政党队伍、公务员队伍、各类企业经营者和其他各行各业的社会主义建设者是社会主义核心价值观的践行者，也是社会主义人格养成的主要对象。

（5）城乡统筹发展既是区域经济发展规律使然，也是公有制主体下中国特色社会主义的本质要求。社会主义核心价值观倡导的"富强""和谐""平等""公正"等都必然意味着经济发展到一定阶段后，城乡一体化发展是势在必行的。这也正是中国特色社会主义文化的优越性和竞争力所在。在城乡一体化中，文化产业作为文化圈层的外围部分，无论是集体意义下的产权基础还是个体意义下的产权基础，都需要充分体现社会主义核心价值观要求，展现中国特色社会主义文化竞争力。文化创新则涉及文化圈层的核心、中间和外围等所有部分，其中核心部分政治和经济层面的文化创新尤为重要，对中间部分的神经网络和外围部分的文化产业创新起着引导和统领作用。

（6）尽管公有制主体、多种所有制形式共同发展是中国特色社会主义文化保持可持续竞争力的产权基础条件，但其实现还需要通过不断的制度创新和管理创新。可以说，制度体系是产权基础与中国特色社会主义文化竞争力的桥梁，无论是政治管理体制、经济管理体制、行政管理体制、社会管理体制、城市管理体制、乡村管理体制还是区域管理体制等，都需要借由制度和管理创新使其充分体现社会主义核心价值观。只有如此，才能够最终实现制度体系与社会主义核心价值观的一体化，也才能够充分展现中国特色社会主义文化的强大竞争力。

第六章 极端自利与互利合作：产权结构与文化竞争力异质性的现实考察

第一节 引 言

极端自利除了其个体主义价值观基础，在产权基础上必然追求个体所有。从前面的章节中可以看到，个体主义与个体意义下的产权基础是互为条件的。这是合理范畴的个体自利在精神和物质上的具体表现。在一定的规模和范围内，个体意义下的产权基础有助于个体积极性和创造性的发挥，不仅能够提高个体效用水平（幸福感），而且有益于增大整体效用水平。但当个体意义下的产权基础超越一定的规模和范围，个体自利就可能走向极端自利。基于个体自利的社会化后的利他选择就有可能被极端自利否定。本来从制度设计的视角，应该有高于经济范畴的政治制度来规范和限制个体自利走向极端自利，从而使得"整体"意义上的社会经济系统处于相对稳定和可持续的状态。但不幸的是，个体主义内在的逻辑矛盾很难甚或不可能产生一种被普遍接受的互利结果。这一点已经被如阿罗悖论等的理论所证明。因此，基于完全个体意义下的产权基础之上的政治制度，只不过是将个体主义的经济逻辑运用于政治场域，其必然的结果是，超越个体自利的整体意义上的普遍"互利"结果是很难实现的。这种政治制度更多地成为解决资源配置问题的市场机制向政治领域的延伸，西方所谓"政治市场"的本质即在于此。"政者，民事也"（孙中山语），作为服务于大众事业的政治，被设计成了"争取"和"瓜分""政治资源"的平台，已与其本义相去甚远。本来应该规范和限制极端自利的政治制度，反而成了展现甚至保护极端自利的最高和最终"舞台"，成了极端自利本身的一部分。这是个体主义价值观和完全个体意义下的产权基础"自然扩展"的必然结果，在意味着个体自利（极端自利）强大性的同时，也揭示了其政治经济整体意义上的不可持续性。在现实世界中，所谓的经济霸权、政治霸权、军事霸权、外交霸权和文化霸权等各种各样的霸权主义，本质上就是个体主义价值观和完全个体意义下的产权基础上升到国家和整体层面后的一种必然表现。

互利合作显然是与极端自利结果相反的一种行为选择和制度路径。从前文的论述中可以看到，互利是基于合理的个体自利的。因此，互利合作并不排斥合理范围的个体自利。这也就意味着个体意义下的产权基础有其存在的合理性和必然性。但当合理范围的个体自利和个体意义下的产权基础经由社会化和制度化寻求和建立起一整套个体主义价值观并以之为其服务时，也就意味着基于个体意义下的产权基础的意识形态正在或已经形成。个体自利已经不满足于经济场域，而开始进入、创造和主导政治场域。一系列基于其上的制度设计就形成了。这时候，合理范围的个体自利就会难以避免地走向极端自利。互利合作就失去了其存在的基于合理自利的利他基础。可见，尽管个体自利和个体意义下的产权基础有其一定范围的合理性，但在缺乏制度设计尤其是政治制度的规范和限制时就可能走向极端自利。那么，要使政治场域不被个体自利主导，就需要基于整体主义价值观的集体意义下的产权基础对个体意义下的产权基础进行引导和调节并进而防止个体自利走向极端自利，从意识形态的角度讲，就是需要防范个体主义价值观成为主流价值观。换言之，就是要使集体主义（整体主义）价值观成为主流价值观。应该认识到，承认和发挥合理范围的个体自利并不意味着宣扬和推崇个体主义价值观。此即邓小平所谓的物质和精神"两手都要硬"的本义所在。从前面相关章节的论述中我们知道，集体主义价值观是与集体意义下的产权基础紧密相连的。如果没有集体意义下的产权基础结构，集体主义价值观就成了空中楼阁。因此，要使集体主义价值观成为主流或主导价值观，就必须使集体意义下的产权基础成为整体经济所有制结构的主体。此即坚守公有制主体的本义所在。

个体意义下的产权基础和个体主义价值观在人性自利（极端自利）的假定下将市场主义推及本属于体现和实现公共利益的政治场域，意图在保证个体自利的前提下通过政治程序实现公共利益，或者说意图通过追求个体最大化实现公共利益，存在着内在的逻辑悖论。在这样的一种政治模式中，经济主体和政治主体是同一的，可以概括谓之利益主体。但显然，政治过程更多的是一个实现公共利益的公共管理过程，是一个互利和多赢的过程，与上升到政治场域的个体极端自利是无法并存的。这也是我们在现实世界中不断看到的所谓西方

"民主"政治不同党派和利益团体之间为反对而反对、"拉布"甚至在"庙堂"之上公然辱骂斗殴的原因所在。尽管有所谓普适的政治伦理，但在利益主体（个体或党派、组织等）的具体行为模式中，这些基于整体利益的政治理想，却沦为了其实现各自利益最大化的幌子。与个体主义主导的政治模式不同的是，中国特色社会主义在产权基础结构上是坚守公有制主体的，中国共产党作为执政党不是作为追求个体最大化的利益主体存在的，其代表的是最广大人民的利益。这就意味着其不仅没有一党之私，而且每一位党员也要无私奉献和忘我工作。这是一个十分严格的要求，甚至超越了人性利他的假定。因为我们已经探讨过，利他是以合理的个体自利为基础的。如果要消除合理的个体自利，就涉及党员作为普通个体意义下的人性与党性统一的问题。这是一个极其艰苦不断自我修炼的过程，也是一个不断改革创新和制度完善的过程。所谓"共产党人是由特殊材料制成的"，其意即在于此。既然中国共产党为最广大人民的利益而奋斗，遵循的就是集体（整体）主义价值观，对应的就是集体意义下的产权基础主导的所有制结构。这是与前文中关于不同价值观和不同产权基础对应关系的分析结论相一致的。从这个角度看，即使有了集体主义价值观和集体意义下的产权基础，如果没有一个为人民服务和为人民利益忘我奋斗的党，也是没有用的。这也正是将中国共产党的领导作为中国特色社会主义制度首要优势的根本原因所在。正因为不存在不同利益主体的政治博弈，中国特色社会主义在事关人民整体利益的战略决策和攻坚克难上才具有西方所谓民主政治无法比拟的效率优势、稳定优势和可持续优势。

中国特色社会主义的文化竞争力除了继承中国传统文化中"天下为公""天下大同"的思想精髓，随着马克思主义理论与中国革命实践的完美结合，有了集体（整体）主义价值观更为坚实的公有制主体的产权基础结构。"共同发展""全面发展""协调发展""科学发展""生态发展""共同富裕""城乡统筹发展""人类命运共同体"等战略思想和决策的提出和落实执行才有了科学系统的理论支撑和不断增强的物质保障。在看待不同产权结构下不同国家的社会经济发展现状时，人们往往忽略了西方老牌发达资本主义国家漫长残酷的原始积累的历史，这种残酷性不仅被施加于全球众多的落后殖民地国家的人民身上，而且也被施加于西方资本主义国家自己的人民身上。现在其呈现的富有发达仅仅是一个"断面"，对于大多数人来说，历史和财富积累的过程是被遗忘甚至根本无须知道的。但事实是，西方发达资本主义国家几乎无一例外地走的是极端自利的发展道路——一条充斥着剥削、掠夺、抢劫和战争的流满被剥削者、被掠夺者、被抢劫者和被战争者的鲜血的道路。这是完全个体意义下的产权基础和个体主义价值观支持和培育下的个体自利主导政治场域后走向极端自利的必然，没有任何互利合作可言，有的也不过是妥协而已。这种行为模式并没有因为人类已经步入 21 世纪而得到显著的改变，反而更加赤裸无耻和变本加厉。今天的美国，尤其是特朗普时代的美国，就是一个很好的例证。"美国优先"，实际上就是将个体极端自利上升到抽象的国家层面，堂而皇之地将自私自利作为一个最发达国家的"宣言"，其文化"优越性"可想而知。如果寄希望于这样的国家主动地展现出利他行为，特别是为发展中国家和落后国家做出一定的牺牲，无异于与虎谋皮、痴人说梦。中国特色社会主义的发展走的是一条与西方发达国家截然相反的道路，在一穷二白的基础上完全通过自力更生艰苦奋斗建成了自己相对完善的工业体系，尤其是改革开放后，经过多年的不断努力奋斗，中国特色社会主义进入新时代，取得了举世瞩目的成就。中国没有像老牌资本主义国家那样，通过海外殖民和发动战争这种"嗜血"的极端自利方式实现自身的跨越式发展，反而在走出中国和平崛起道路后进一步提出构建"人类命运共同体"的战略目标，通过设立"亚投行"、建设"一带一路"等宏大的全球性公共产品工程，将自己的成功经验和发展红利与其他国家尤其是发展中国家进行交流共享，所走的完全是一条互利合作和互利多赢的道路。中国特色社会主义之所以选择这样的一条发展道路，是与公有制主体的产权基础和集体（整体）主义价值观密切相关的，也是与"为人民服务"的中国共产党作为长期唯一执政党密不可分的。这些都是中国特色社会主义走在正确发展道路上的"重要条件"，缺一不可。这些制度优势和整体主义思想才能创造人类最大规模脱贫攻坚战胜利的奇迹，才能通过长期的可持续的科学规划实现完整的产业体系和产业转型升级，才能通过不断发展解决区域差距、城乡差距和贫富差距，才能通过不断的改革开放实现政治、经济、社会、文化和生态等的全面发展，才能从根本上满足人民日益增长的美好生活需要。

本章拟选取中国国内社会经济发展的一些典型案例，如反贫困战略、乡村振兴战略、区域发展战略等，从集体意义下的产权基础和集体（整体）主义价值观视角，尝试探讨推崇互利合作的中国特色社会主义文化在解决这些涉及全局性的亟须共同发展问题上的竞争优势。通过宏观层面对中国社会经济发展基于文化竞争力优势的重点环节的撷取思考，从总体上揭示中国特色社会主义之所以成功的逻辑必然性和未来需要警惕防范的颠覆性错误。与之相对的，完全个体意义下的产权基础和个体主义价值观主导的国家，即施行资本主义的国家，在其国内事务和国际事务中所呈现的不可调和的矛盾几近于无解状态。比如，英国脱欧，美国特朗普政府的不断"退群"，拉丁美洲一些国家如智利、阿根廷等的频繁骚乱等，一些深层次的难以根除的社会经济问题，都与其产权基础结构和基于其上的个体主义价值观息息相关。从文化的视角，极端自利不仅扼杀了互利合作的可能性，而且为达目的到了不择手段的地步。这种文化，其竞争力是富有侵略性的，在长期中不具有可持续性。

第二节　互利合作：中国特色社会主义文化竞争力的相关案例考察

一、反贫困战略中的文化竞争力

贫困问题是一个全球性和历史性的问题，一直阻碍着许多国家和民族的发展进程。即使 21 世纪的今天和可预见的未来，贫困问题也不会被轻易消除。探讨贫困的原因，可以说都是一些老生常谈却又很难破解的因素：自然环境的严酷和自然资源的匮乏、长期的殖民剥削、战争和疾病、制度安排和生产力的落后、科学技术和人文知识的短缺、贫富差距的不断拉大、不利的竞争环境和处于价值链的低端、单一落后的产业结构、缺乏创新和奋斗精神，等等，不一而足。对于中国来说，不幸的是，这些导致贫困问题的单一或者综合因素都曾经存在过，有一些甚至在已经取得反贫困巨大成就的今天也还仍然没有完全消除。对于在一穷二白基础上建立中华人民共和国的中国共产党来说，贫困可以说一直是"从此站起来的"中华人民共和国和中国人民面对的主要挑战之一。随着东西冷战和苏联相关资源支持的撤出，孤立无援的中华人民共和国只有自力更生，奋力一搏。从这个角度看，1949年后的中国，其政治、经济、社会、文化、国防、外交等在某种程度上都是战胜"贫困"的必要组成部分，70年波澜壮阔的奋斗史，也是一部可歌可泣的反贫困史。基于如此宏大的历史框架，中国的反贫困战略和反贫困实践是一个值得深入研究借鉴的世界级案例。不同的国家和不同的民族，只要他们被贫困桎梏，就都能够从对中国成功的反贫困实践中寻找到适合自己的一些启迪和宝贵经验。这方面的各种研究，无论是政府的还是民间的、理论的还是实践的、正式的还是非正式的、国内的还是国外的，都已经浩如烟海，能够被观察的视角好像也都穷尽了。我们对中国反贫困战略和反贫困实践的考察则是从文化竞争力的视角展开的。如前面章节中反复论及的，我们所谓的文化竞争力是一个深度和广度都极大拓展了的范畴，包括文化圈层的核心、中间和外围三个部分，是一个整体和系统的概念。

首先，从核心部分的政治文化和经济文化看，中华人民共和国的建立实现了人民当家作主的美好愿望，这是中国传统文化中最高的政治理想——"天下为公"的最佳体现。人民对美好生活的需要和人民当家作主不是一句口号，而是需要具体的制度和具体的团队去保障和实现的。这个团队需要抛弃一己私利，必须将人民的利益置于任何利益之前。这样的团队不是现实中的其他政党，尤其是西方选举式"民主"中的政党所能胜任的。从1840年到1949年的一百多年间，苦难中的中国经历了无数次的惨痛教训，牺牲了无数仁人志士，付出了巨大的成本，才最终选择了中国共产党这个一心"为人民服务"和一心"为中华民族复兴"而忘我奉献的政党。中国共产党作为执政党，其合法性不在于如西式"选举"那样仅仅满足于技术层面的所谓"合法性"，而是以"为人民服务"和"人民的满意"为最终考量，同时遵守一系列严格的制度规则的基础上的合法性。如果执政党抛弃了"为人民服务"的"初心"，则无论其掌握的权力看起来有多么强大，也已经丧失了其执政合法性的基础。这也正是中国特色社会主义政治文化最具竞争力的核心所在，可谓之政治文化的核心竞争力。因此，全面从严治党，每一位中国共产党党员都要严格遵守和贯彻执行《中国共产党章程》就显得尤为重要。因为它关涉执政党的合法性和中国特色社会主义政治文化核心竞争力的永续保有问题，关涉中国特色社会主义的前途命运。在这样的政治文化中，建设社会主义核心价值观所倡导的社会主义现代化强国，带领全体中国人民实现中国梦，就是必然和唯一的选择。在这一进程中，消灭贫困，不让任何一个中国人处于贫困之中就是实实在在的"政治任务"。综观世界各国尤其是西方发达国家的反贫困实践，将其上升到与国家战略目标一致的只有中国共产党领导下的中国特色社会主义，同样，从反贫困的结果性来看，中国特色社会主义取得的成就也是最大的。西方发达国家，比如美国和日本，在反贫困中也取得了很好的结果。但其主要基于市场原则的反贫困实践，并不奢望于其政党和政府公务人员的忘我奉献，因为这是与其人性假定不符的。中国特色社会主义的优势在于，既能够充分学习借鉴发达国家在制度设计和利用市场原则两个方面反贫困的成功经验，又能够发动最广泛的政治和行政资源，充分发挥中国共产党的先锋带头作用和挖掘整合全社会的资源和力量，使制度优势和作为能动主体的人的潜能得到最大限度的发挥。可以看出，中国共产党作为领导者在反贫困战役中无可替代的作用，是中国特色社会主义政治文化竞争力的一个最佳体现。要想学习借鉴中国的反贫困模式，看不到这一点是很难做到的。另外，中国特色社会主义的经济文化除了经济本身所具有的如遵循市场规律和经济伦理等普适价值诉求，其所坚守的集体意义下的产权基础给了中国政府和作为执政党的中国共产党建成社会主义现代化强国雄厚持久的财富基础，也给了反贫困战略坚实的产权保障。中国的贫困人口尤其是绝对贫困人口大部分分布在农村和老少边穷地区，如果政府尤其是中央政府没有强大的转移支付能力，如果没有实行农村土地集体所有制，就很难从根本上解决世界上最大规模的贫困难题。在改革开放40多年后，随着区域差距、城乡差距和贫富差距的不断拉大，市场机制显然无法消除这一财富极化的趋势。这也是西方发达国家直至今天也没有完全消灭国内贫困问题的主要原因之一。"贫穷不是社会主义"，要解决贫穷尤其是老少边穷地区的贫穷问题，就必须消除各种形式和各种层面的"差距"问题。中国特色社会主义的经济文化应该且必然崇尚和追求协调发展、和谐发展和科学发展的理念，中国共产党的领导和集体意义下的产权基础为反贫困提供了坚强的制度和物质保证。这一点也是学习借鉴中国反贫困经验的国家大多所不具备的。

其次，从文化圈层的中间部分（神经网络或意识形态）来看，中国的反贫困战略不仅是一个艰苦实践和实干的过程，而且是一个人文社科甚至理工农艺科学技术等广泛领域全面参与、深入研究和理论创新的过程。可以说在知识和技术等神经网络系统形成了一个强大的富有创新和高效的反贫困"智能"系统。比如，就反贫困本身，从经济学（发展经济学、贫困经济学、农村经济学等）、政治学、社会学、心理学等的大量国外理论介绍和结合中国现实情况的讨论，为反贫困的科学施策提供了宝贵的智力资源；就反贫困的内外部条件、度量标准、伦理诉求和结果导向等，也有不同学科大量的深入交叉研究。从组织形式上，中国政府对文化圈层涉及反贫困的中间神经网络部分起着主导和不同程度的干预作用，如设立上至中央下至基层政府的各级政府扶贫机构，除了全面贯彻执行反贫困战略和具体的对策措施，还会与其他各级各类相关政府部门沟通协作，与联合国开发计划署、联合国粮农组织和联合国世界科技与扶贫工作委员会等国际组织和国际委员会紧密联系与合作，以及与非政府组织和非营利性组织等就反贫困展开合作、调研和实验等。从宣传形式上，既有官方正式的渠道（如出台政策文件、权威媒体报道推广、典型案例和人物的宣传、理论书籍和统计年鉴的出版发行等），又有民间和基层如反贫困政策的解释、"扶贫莫如扶志""授人以鱼，莫如授人以渔"等的非正式渠道的信息和知识等的宣讲。这些多组织、多群体从不同层面和不同角度对中国反贫困战略和反贫困实践的关注和研究，汇集成全社会共同反贫困的巨大合力，形成了强大的中国特色社会主义反贫困的文化竞争力的神经网络部分。

最后，从文化圈层的外围部分（文化商品、文化产业等）来看，反贫困实践由起初的拨扶贫款、救济粮等逐步发展转化到培育适合贫困地区的产业和有竞争力的商品，从劳务输出到农民工回乡创业，从生态治理到易地搬迁，从政府单纯输血到吸引社会资本投入，从交通信息闭塞到大力投资改善基础设施，从物质扶贫到思想、教育扶贫等，贫困地区的面貌已经或正在发生系统性的改善。贫困地区一些独特的自然景观、地方特产、饮食文化、民间风俗、村落古建等成了挖掘创意产品以及培育、改造和提升传统自然经济走向规模化、科技化、网络化、产业化和市场化的新型经济形态，在保有和发扬光大当地传统、自然和乡土气息的文化基因和文化元素的基础上充分融入现代元素（技术的和文化的），形成独具中国特色的、可持续和富有生态文化精神的反贫困模式。在这一过程中，核心还在于对具体贫困人员的素质教育和思想转化，一种思维模式和行为模式的养成需要一个相对漫长的过程，关系着反贫困能否成功和成功后能否可持续的问题。因此，人的因素仍然是中国特色社会主义反贫困取得巨大成功的主要因素之一，除了作为执政党的中国共产党、各级政府公务人员和非政府组织等社会组织人员的努力工作和忘我奉献，贫困人员自身不甘于贫困、辛勤劳动和奋发图强的内在品质是反贫困最为重要的驱动力。中国传统文化中勤俭节约、重视劳动的风尚，塑造了中国人不怕苦不怕累的恒久精神，这也是与中国特色社会主义崇尚劳动的理念和劳动致富的价值观相通的。只要有合适的制度设计和从事经济活动的初始条件，贫困人员就有机会和潜力改变贫穷落后的面貌。这种人的因素在反贫困中所起的重要作用，也是中国特色社会主义反贫困战略和反贫困实践中文化竞争力的一个典型体现，需要在深刻认识的基础上加以发扬光大。

二、乡村振兴战略中的文化竞争力

从文化圈层的核心、中间和外围三个部分看，乡村振兴战略中处于核心部分的政治文化和经济文化与反贫困战略中的是一样的，实际上中国特色社会主义文化竞争力的一个最大优势就是无论政治层面还是经济层面，都是以人民的幸福和最终实现整体意义上的中国梦和中华民族的伟大复兴为依归的。因此，所要探讨的中国国内的相关实践案例，其依赖的政治文化和经济文化也都是相同的，不同的仅仅是具体的技术层面。从中间部分的神经网络（意识形态）来看，"三农"问题一直是理论和实践关注的热点，伴随着中国社会经济发展的前进脚步，其本身是一个不可或缺的组成部分。"三农"问题的研究者具有最广泛的身份、职业和阶层背景，既有普通劳动者、教师和科研人员，也有专家和各级政府官员。它们包括了社会学、经济学、政治学、公共管理学、农林经济管理、历史、法律等广泛的学科。有专著、期刊、报纸、网络资源、档案资料、政府政策法规、内部资料、调研报告、统计年鉴等，有公开发表和未公开发表的，有国内的也有国外的。这些海量的文献资料从实践、理论、学术等不同的径向对中国"三农"问题进行了生动、全面和深入的描述和研究。最近几年，尤其是党的十八大以来，随着中国整体社会经济的飞速发展，随着制度和政策的不断创新发展，理论界对相关问题的争论已经渐趋一致。比如，"三权分置"就很好地体现了理论和实践，以及历史、现实和未来的"理性"结合。另外，对专业合作社中农民主体性的关注、对"资本下乡"和"富人治村"的反思、对乡镇基层治理中的"权力悬浮"和"规模治理"等问题的理论和实践关注，都是研究者们对中国乡村建设或者说乡村振兴的极大贡献。这些不仅是一种理论创新，而且对政府决策和政策出台起到了切实的指导和借鉴作用。应该说，党的十九大关于"三农"问题的战略性论断和宏观把握，就是建立在研究者们长期的研究成果之上的。正是因为"三农"问题的广泛性和复杂性，不同学科的研究者才产生了极大的关注，并从各自的学科视角取得了全新和建设性的研究成果。这些都是中国乡村振兴过程中必不可少的"智力贡献"，也形成了全社会对解决"三农"问题和实现乡村振兴战略的高度关注和奉献精神。从外围部分来看，乡村振兴战略的具体要求"产业兴旺、生态宜居、乡风文明、治理有效、生活富裕"中的产业、生态、乡风以及治理和生活方式等的具体落地实行都体现着中国特色社会主义现代化新农村的文化竞争力。

乡村振兴战略的实现需要社会各方面资源的整合、创新和持之以恒地攻坚克难，需要进行不断的制度完善和改革深化，才能充分释放中国特色社会主义的文化竞争力优势。我们可以从四个方面对其进行比较深入的探讨：

（1）集体意义下的产权基础优势需要改革深化以进一步培育和增强互利合作的文化竞争力。

农地集体所有和家庭承包经营的农地产权结构，适应了当时相对落后的生产力要求，是符合生产力和生产关系辩证要求的。在一定程度上激发了农民的生产积极性，提高了生产效率。但这一制度安排已经无法适应目前极大发展的生产力和全球市场竞争的压力，亟须进行深化改革。从实践和已有研究看，农地产权安排直接或间接导致了农民原子化、耕地细碎化和村级组织的瘫痪等严重的问题，对实现农业现代化造成了极大的障碍。农地制度改革的停滞导致农民合作能力的下降和集体经济的消殆无法唤起农民对共同富裕的期望。解决之道在于通过农地改革深化使土地要素真正成为农民能够稳定预期的财产，并在此基础上壮大集体经济，建立基于市场主导、农民自愿的专业合作社，进行适度规模经营，实现农业现代化和农民共同富裕。党的十九大适时提出推进农地产权改革，明确了农民财产权确认的重要性，将农地集体所有、承包权和经营权"三权分置"，并提出集体建设用地入市、农村住宅流转等重要的战略举措，尤其是在第二轮土地承包到期后再延伸30年的政策给了各类农业经营主体稳定的预期。但这仅仅是中央层面对农地制度深化改革的一个战略安排，如何将其细化为一个个可依法操作的具体政策还需要各相关领域的通力合作。农地产权改革深化是破解农民原子化和耕地细碎化，走向农民专业合作社等组织重构的基础。无论是农地产权改革深化还是农业现代化建构，都直接关系着"产业兴旺、生态宜居、乡风文明、治理有效、生活富裕"等乡村振兴战略目标能否顺利实现。农业现代化既有普遍性又有特殊性，不宜片面追求短、平、快，应该充分挖掘和发挥本区域的自然人文和比较优势，以生态发展和可持续发展为原则。在系统思维的框架中，科学安排城乡统筹和融合发展，最终实现城乡一体化，应该是农业现代化的必由之途。

（2）推进乡村治理体系和治理能力现代化是充分释放乡村振兴战略中文化竞争力的组织保证。

在乡村振兴的过程中，应该坚守乡村治理中村民的主体地位，这是决定乡村振兴能否成功的关键要素。乡村治理体系和治理能力的现代化意味着两个方面的建设：一是治理体系的现代化，要进行制度和规范化建设，体现民主、效率（行政效率和经济效率）、协调（参与式管理）原则，最终实现自治、法治和德治的乡村治理体系；二是制度执行能力，要通过教育培训不仅提升农民的现代农业技术知识，而且要培养他们参与村庄公共事务的政治和社会管理能力，实现农民自身的现代化；通过健全村干部选拔机制，公开公正地将真正能够做到"一懂二爱"的人纳入"三农"工作队伍，继续推行和完善干部下乡和大学生村干部制度，提高村干部的收入，施行民主监督考核；通过行政体制改革，克服乡镇干部的官本主义思想，使其"向下"负责和权力下沉，从而破除其规模治理逻辑和消除行政吸纳社会的体制弊病，恢复政府提供公共物品和公共服务的本质属性。乡村治理体系和治理能力是结构和功能的关系，其现代化不仅要求建构一系列符合以民主为根本的现代理念的制度和程序，而且要求人的现代化和可持续发展。只有如此，才能将制度效益发挥到最大，也才能将中国特色社会主义文化竞争力优势发挥到最大。

中国的乡村千差万别，需要以差序结构和城乡融合发展的视角建构乡村治理体系和治理能力的现代化。这一建构过程将催生一个个政治、经济、社会、文化和生态"五位一体"文明开放的现代化村落，将实现乡村公共利益的最大化和乡村振兴的目标要求。有几个方面是乡村治理体系和治理能力现代化进程中要关注和作为工作"抓手"的:一是借由乡村文化建设挖掘和培育乡村内生力,实现基于乡村内生秩序的乡村自治,重建乡村共同体;二是完善村民选举制度,使村民委员会真正成为乡村治理的组织平台,充分发挥村党组织的作用,以党建创新管理带动社会管理创新,实现村委会、村支部和村民自治的完美结合;三是要切实提高村干部的工资收入,使其能够安心放心地做好村组织工作;四是要建立乡村外部风险管理机制,防止乡村开放性带来的外部冲击;五是要建设能够实现村民、村干部和乡镇干部三者之间激励相容的制度,使其在乡村振兴过程中形成合力;六是要通过乡镇行政体制改革,将一些不给辖区村镇提供公共物品和公共服务的机构撤并,可以尝试相关业务的县级委托派出制度。乡镇基层政府是乡村治理体系和治理能力现代化过程的外部保证,可以消除超出乡村范围的外部性问题,为城乡融合发展提供政策支持。因此,乡村振兴也必然要求乡镇基层政府向服务型转化;七是建立乡村治理体系和治理能力现代化的考核机制。

(3)新型职业农民的培育和"一懂二爱"的"三农"工作队伍的构成是乡村振兴战略中文化竞争力的主体工程。

就新型职业农民的培育而言,从需求侧改革的视角,除了培育重视农业、热爱农村和尊重农民的社会氛围以及注重增加农民收入,教育培训工程和项目还应该以市场为主导,通过机制设计,农民经过学习思考积极主动地来选择和寻求最合适的培育模式和培育内容。由于中国的政府层级过长,从中央政府的政策出台到省级配套再到市、县和乡级政府的具体执行,不可避免地会产生较高的代理成本和管理成本,合谋、信息不对称、机会主义和租金耗散等基于制度设计本身的问题就会严重阻碍新型职业农民培育的针对性、有效性和规范性。因此，关注供给侧结构性改革，设计制定一套科学严格的农民增收、精准培训、提质增效、绿色发展、规范管理、跟踪服务和保证项目质量的新型职业农民培育制度和政策体系就显得尤为必要。

"一懂二爱"的"三农"工作队伍不是一个口号就能够顺利建设形成的，需要相应的配套激励机制和营造适合的条件。从形成机制看，政府要研究出台激励政策和相关法律法规，要弘扬和培育有利于"三农"工作队伍形成的社会氛围，使社会主义核心价值观真正进入人心，成为人们自我实现的内在价值观自觉。同时，要通过深化农地产权改革，给市场主导创造条件，让人们在建设农村、发展农业和关心农民的过程中既能实现社会价值又能达成个人追求。从形成条件看，城乡融合发展中公共服务的均等化、农村基础设施的完备和农业比较收益的大幅度提升都是"筑巢引凤"的基本要件。同时，基于城乡要素自由流动的体制机制的建立和与农民的合作双赢，则是基于市场选择的尤为重要的条件。可见，"一懂二爱"的"三农"工作队伍是在与广大农民一同奋斗的过程中逐渐形成的，作为这一队伍核心成员的村干部则绝大部分都是由村民自愿选举产生的，其本身就是农民的一员。在由农民身份向新型职业农民的转换过程中，随着要素自由流动的市场机制的形成，会有很大部分农民走向城市融入市民生活，也会有很多有志于农业和农村发展的"城市人"转化为新型职业农民。这应该是一个值得期许甚至必然发生的过程。

（4）基层政府的合作治理选择及改革取向是乡村振兴中践行社会主义核心价值观的基层组织保障。

由于中国过多的政府层级，难以避免具体政策执行过程中的代理问题。加上税费改革和分权式改革，处于政府层级末端的乡镇政府存在着"权力悬浮"和基于"规模治理"逻辑的合谋问题，从而导致本已短缺的农村公共物品供给出现租金耗散等制度性低效现象。各种支农政策、农村基本经营制度、基础设施建设、公共服务和社会保障等农村公共物品通常由中央政府和省级政府制定和提供，在具体实施过程中，如果不解决乡镇政府存在的问题，其效果就会大打折扣。这些根深蒂固的组织设计问题，直接影响到社会主义核心价值观在国家层面和社会层面的实现，也阻碍了乡村振兴中文化竞争力优势的培育和发挥。可以考虑裁撤一些不为农村提供公共物品的乡镇政府部门，同时将一些部门改为县级政府的派出机构，从而解决"国权不下县"的问题；可以尝试将村级组织的一部分权力上推到乡镇一级，同时将乡镇政府的一部分权力或部门下沉到村级组织，从而克服乡镇政府的"权力悬浮"问题。在这些体制改革的基础上，实现乡镇政府向服务型政府转变，形成由乡镇政府、村级组织和非政府组织等多元主体构成的乡镇层面的合作治理格局，从而为乡村振兴提供高效的基层组织保障，也为乡村振兴创造基于制度设计、治理模式和公共服务方面的文化竞争力优势。

三、区域发展战略中的文化竞争力

中国的区域发展战略能够最清晰地展现社会主义中国的政治和经济文化优势。历史没有假设，但如果没有"一化三改"（"一化"是社会主义工业化，"三改"是农业、手工业、资本主义工商业的社会主义改造），没有借由工农业"剪刀差"实现工业化的原始积累（中国人民大学严瑞真教授 1978 年的研究显示，中华人民共和国成立以来的前 20 年，通过"剪刀差"从农业提取了 7000 亿—8000 亿元人民币的积累；中国人民大学孔祥智教授的研究显示，60 年来，城市从

"三农"获得的总积累达到了 17.3 万亿元人民币），就不可能在改革开放前建成种类齐全、独立完整的工业体系和发达的科技体系，为改革开放后 40 多年来的经济建设发展打下良好的工业化基础。中华人民共和国是在一穷二白的基础上建立起来的，几乎没有像样的工业企业，更谈不上进一步的最基本的产业体系和工业体系。新中国成立初期尤其在 1953—1957 年的"一五"计划期间，在苏联的援助下，中国建成了以鞍山钢铁公司为中心的东北工业基地，沿海地区原有的工业基地也得以加强。1959 年后，随着苏联撤出援助，加上西方资本主义国家的经济封锁和战争威胁，20 世纪 60 年代中期，为加强战备，中共中央和毛泽东主席做出"三线建设"的重大战略决策，将建设的重点放在西南、西北，是我国生产力布局的一次由东向西转移的战略大调整，也可以说是一次被迫的区域发展战略大调整。尽管由于备战的需要，导致企业之间无法形成基于产业规律的科学布局和高效联系，也导致东部地区工业发展出现滞后低效的严重问题，但毕竟极大程度上缓解了东西部巨大的区域差距。正是有了中国共产党的领导，才有了政治文化上的"全心全意为人民服务"的宗旨要求和特色，也才有了突破个体意义下的产权基础局限建立集体意义下的产权基础的条件和必要性，从而无论在政治上还是经济上都能够实现上下一心、群策群力集中力量办大事的制度和文化优势，也使得中国共产党这一领导集体能够不断地审时度势、高瞻远瞩地规划、设计和引领社会主义中国的区域发展大计。尽管限于当时的社会经济环境，在区域发展上从非均衡到均衡发展经历了一个漫长的道路，这条道路也许在不远的将来还要继续走下去，但互利合作一直是中国政治文化和经济文化的精髓，这种核心部分的文化竞争力在习近平新时代中国特色社会主义阶段将更加凸显其优势。

区域发展战略是一个涉及广袤国土、众多人口和民族的整体意义上的战略，哪个区域或哪些省域先发展，在大多数选举制国家都会面对旷日持久的拉锯战。实际上，正因为存在战略规划出台的巨大交易成本，世界上大多数国家实际上没有类似社会主义中国这样宏大长期的区域发展战略。这从一个侧面反映出中国特色社会主义制度的优越性。从文化的视角看，区域发展战略的出台、实施和取得重大成功充分体现了中国特色社会主义处于文化圈层核心部分的政治文化和经济文化的强大竞争力。这种竞争力不仅体现在作为执政党的中国共产党能够集思广益、洞察社会经济发展规律、驾驭复杂多变的国际环境和抓住和平发展的历史机遇，出台一系列紧密衔接、科学有序和可持续的区域发展战略，而且能够通过高效强大的执行能力按时推进和完成这些战略。从文化圈层的中间部分神经网络（意识形态）来看，区域发展一直是理论界广泛讨论和深入研究的领域。在有关区域经济发展的主流观念中，尽管存在种种分歧，但至少形成了两点共识：第一，区域协调发展是基于整体发展思考的结果；第二，国家作为社会的代表，制定适当的区域政策对社会经济进行干预，并使之制度化为法律，是区域协调发展的保障。中国区域协调发展观所依托的科学发展观，是可持续发展观与中国国情相结合的产物，也是基于把社会作为有机整体及认为构成社会的诸要素是功能互补的、和谐的思考的结果。区域协调发展的要旨在于依靠整体力量，通过政策性倾斜或经济扶持，促进落后地区的发展，使地区发展的差距缩小到适度范围内，以实现一国社会整体的可持续发展。这些经过长期理论研究和实践检验的"共识"不仅为各级政府出台和实施科学的区域发展战略提供了智力支持，而且更容易形成整体社会最大限度的认同。正是在这样的文化竞争力基础上，社会主义中国才能够从新中国成立伊始就不断地推出并高效实施了一系列重大的区域发展战略。比如，除了前面提及的"三线"建设，1978 年底邓小平提出沿海地区率先发展的政策、1988 年邓小平提出"两个大局"的战略构想、1999 年 11 月实施西部大开发战略、2003 年 10 月实施东北地区等老工业基地振兴战略、2006 年 4 月提出促进中部地区崛起战略、2010 年 12 月颁布实施《全国主体功能区规划》、2014 年 2 月提出京津冀协同发展战略、2014 年 9 月"长江经济带"作为重大战略在国家层面得以正式确立、2017 年 4 月设立雄安新区、2018 年末正式颁布海南自贸试验区总体方案、2018 年 11 月宣布长江三角洲区域一体化发展上升为国家战略、2019 年 2 月 18 日印发《粤港澳大湾区发展规划纲要》、2019 年 9 月提出黄河流域生态保护和高质量发展战略等。这些区域发展国家战略的出台和落地执行，为我国东、中、西部以及陆地和海洋等的全面、宏观统筹协调发展指明了方向，打下了扎实和可持续的基础。如果没有集体意义下的产权基础和基于其上的集体主义（整体主义）价值观，没有全心全意为人民服务的中国共产党的正确领导，没有富有集体主义精神、奉献精神和吃苦耐劳的广大中国人民，就不会取得今天习近平新时代中国特色社会主义的伟大成就。

当然，区域协调发展战略除了符合当时的国内国际情势、具有长期性、宏观性、科学性、前瞻性和可持续性等必备特性和要素，最困难的地方还在于具体地高效地不打折扣地贯彻执行，其中最关键的是区域协调发展机制的创新重构。因为区域协调发展战略是跨区域、跨省域甚至不同国家之间的资源整合、政策协调、统筹发展、利益补偿、互助合作和发展保障等的整体性战略，高效、科学和富有弹性的制度设计不仅关系到区域发展战略能否实现，而且体现着中国特色社会主义文化的强大生命力。从目前区域协调发展战略面对的制度困境看，主要有以下几个方面：

（1）各行政区政府规划的总体效率不高。世界许多国家都重视以区域规划引导区域开发，如 20 世纪 60 年代，美国政府加大对区域经济协调发展的干预力度，先后颁布了《地区再开发法》《公共工程和经济开发法》《阿巴拉契亚区域开发法》等法规，从而保持了政策的规范性、稳定性、连续性，保证了地区开发的成功；德国依据《联邦基本法》第 72 条"国家必须保持各地区人民生活条件的一致性"规定的精神，于 1969 年制定了《关于共同任务——区域经济结构改善的法律》，成为至今仍然有效的区域经济政策的法律依据；日本从 1962 年到 1998 年间制定过五次全国综合开发规划。尽管我国许多政府部门都有制定规划的权限，但其规划的总体效率偏低。多头规划的一个主要问题是规划之间无法良好衔接，政府部门之间无法有效和及时沟通，从而无法实现整体经济决策方面的规模效应，削弱或丧失了理论与政策的一致性和连贯性。通常情况下，规划的不协调必然导致开发的不协调，而多头规划导致的多头审批则往往降低政府行政效率，并使得寻租有了滋生蔓延的土壤和制度环境。在市场经济体制下，这种规划体制与规划结构有悖于政府应该担当的角色和提高政府管理效率的努力，亟须制度改革和创新。

（2）各行政区之间存在严重的重复建设问题。由于财政体制、政绩考核制度等，各行政区政府之间存在产业结构雷同，不合理的低水平重复建设现象十分突出。以长三角为例，上海与江苏的产业结构相似系数为 0.82，上海与浙江的相似系数为 0.76，而江苏与浙江的相似系数竟高达 0.97。此外，地区之间重复建设现象十分严重，例如上海投资 300 亿元建设深水港，宁波、江苏沿江城市也不断投资建设大型集装箱码头，形成上海、宁波和江苏三地争抢货源的局面，无形中产生了投资的巨大浪费（齐峰，2009）。第三次全国工业普查显示，全国主要工业品有 80% 以上生产能力过剩或者严重过剩。以钢铁工业为例，2007 年我国钢铁产量已经达到 4.89 亿吨，占世界总产量的36%，但布局分散、集中度低、国际竞争力不强。此外，在汽车、石化、有色金属、建材等领域也不同程度地存在着重复建设的问题（王宏，2009）。各行政区不从区域优势出发布局产业，而是盲目跟风，如在水资源严重短缺地区发展高耗水产业，在能源短缺地区发展高耗能产业，在环境容量已经不足的地区继续发展高污染产业等现象十分普遍。

（3）各行政区之间缺乏合理的分工格局。长期的粗放式经济增长方式导致东部沿海部分地区过度依赖外部市场，在当前国际国内经济增长放缓和中美贸易摩擦风险加剧的不利形势下，单纯依靠廉价的劳动和土地要素维持的高增长，由于缺乏对产业升级和自主研发能力的培育，其弊端骤然显现。而社会保障制度不健全、资源价格不合理等因素也使得中西部地区丰富的劳动力、矿产、土地资源难以发挥作用。因此，加快各行政区域产业结构调整步伐，有利于加快建立合理的区域分工格局。

（4）各行政区之间缺乏健全的协调机制。各行政区之间的发展不协调，其中一个根本原因在于缺乏健全的区域协调体制与机制。由于我国市场经济体制还不完善，要素价格还不能充分反映其稀缺程度，尤其是多数发达地区对土地等要素价格进行补贴，在一定程度上阻碍了区域间资金的自由流动。由于户籍、社会保障制度的制约和缺位，欠发达地区的劳动力也不能充分地在地区间自由流动，无法形成区域间合理的竞争关系，发达地区使用了欠发达地区的劳动力资源，却并没有付出相应的社保、教育等成本。资源价格偏低，不仅造成了对资源的过度需求和浪费，而且诱致了一些地区对高耗能、资源性产品的盲目发展。地方政府尤其是基层政府财力薄弱，财权与事权不清，使得欠发达地区政府无力为当地居民提供基本的公共服务。区域管理和区域规划缺乏必要的法律保障，区域管理体制不健全，政出多门，机构职能交叉重叠，资金多头分散，缺乏统一协调的管理机制和稳定的资金渠道。

2018年11月29日，中共中央、国务院发布《关于建立更加有效的区域协调发展新机制的意见》（简称《意见》），为从根本上破解上述在区域发展中长期存在的制度困境提供了系统的顶层设计。《意见》提出，到2020年，建立与全面建成小康社会相适应的区域协调发展新机制，在建立区域战略统筹机制（包括：推动国家重大区域战略融合发展、统筹发达地区和欠发达地区发展、推动陆海统筹发展以及加强海洋经济发展顶层设计，完善规划体系和管理机制，研究制定陆海统筹政策措施，推动建设一批海洋经济示范区）、基本公共服务均等化机制（包括：提升基本公共服务保障能力、提高基本公共服务统筹层次以及推动城乡区域间基本公共服务衔接）、区域政策调控机制（包括：实行差别化的区域政策、建立区域均衡的财政转移支付制度以及建立健全区域政策与其他宏观调控政策联动机制）、区域发展保障机制（包括规范区域规划编制管理、建立区域发展监测评估预警体系以及建立健全区域协调发展法律法规体系）等方面取得突破，在完善市场一体化发展机制（包括：促进城乡区域间要素自由流动、推动区域市场一体化建设以及完善区域交易平台和制度）、深化区域合作机制（包括：推动区域合作互动、促进流域上下游合作发展、加强省际交界地区合作以及积极开展国际区域合作）、优化区域互助机制〔包括：深入实施东西部扶贫协作、深入开展对口支援以及创新开展对口协作（合作）]、健全区际利益补偿机制（包括完善多元化横向生态补偿机制、建立粮食主产区与主销区之间利益补偿机制以及健全资源输出地与输入地之间利益补偿机制）等方面取得新进展，区域协调发展新机制在有效遏制区域分化、规范区域开发秩序、推动区域一体化发展中发挥积极作用。到 2035 年，建立与基本实现现代化相适应的区域协调发展新机制，实现区域政策与财政、货币等政策有效协调配合，区域协调发展新机制在显著缩小区域发展差距和实现基本公共服务均等化、基础设施通达程度比较均衡、人民基本生活保障水平大体相当中发挥重要作用，为建设现代化经济体系和满足人民日益增长的美好生活需要提供重要支撑。到 21 世纪中叶，建立与全面建成社会主义现代化强国相适应的区域协调发展新机制，区域协调发展新机制在完善区域治理体系、提升区域治理能力、实现全体人民共同富裕等方面更加有效，为把我国建成社会主义现代化强国提供有力保障。《意见》最后指出，要切实加强组织实施，包括加强组织领导、强化协调指导。

　　从文化竞争力的视角看，《意见》所体现的不仅是中国区域协调均衡发展的经济文化优势，而且尤其充分地展现的是中国特色社会主义政治文化的强大优势。这种政治文化是由执政党中国共产党的立党宗旨和中国特色社会主义的政治本质所决定的，一个根本和突出的特征就是全心全意为人民服务，显然，"为人民服务"是"为'全体'人民服务"，为"全体"人民共同实现中国梦而"服务"，具体到区域发展战略，区域非均衡发展仅仅是一定时期不得不采取的"战术"，而长期的终极的战略目标则是区域协调均衡发展。同样的，中国特色社会主义的经济文化必然是对基于市场规律的区域发展差距的主动"干预"，这种"干预"的文化基础就是互利合作和均衡发展，物质保证就是集体意义下的产权基础。在不同的区域和省域之间，尽管必然存在各自的社会经济发展利益，但从宏观整体的视角看，公有制主体更多意义上是整体和国家层面的。因此，在终极的战略目标上，区域和省域利益应该也必须为整体利益服务。只有这样，《意见》所提出的区域协调发展的新机制才能够真正建立和有效运转起来。这是一个在学术和理论上已经没有太多争议的普适性观点，但在具体的贯彻执行过程中仍然存在着或大或小、或多或少的阻碍。要解决这些类似"最后一公里"的问题，除了文化圈层核心部分的政治文化和经济文化引导干预，中间部分的神经网络（意识形态）文化也是十分重要的。它对形成上下一心、全民认同的区域协调发展理念尤为关键。

四、"一带一路"倡议中的文化竞争力

"一带一路"倡议最早由习近平总书记在 2013 年 9 月和 10 月在建设新丝绸之路经济带和 21 世纪海上丝绸之路的合作倡议中提出，是丝绸之路经济带和 21 世纪海上丝绸之路的简称，旨在亚欧非大陆 65 个国家和地区开展更大范围、更高水平、更深层次的区域合作。借由"一带一路"，中国将自身的发展与世界经济体系融为一体，并作为大国在能力范围内对全球社会经济可持续发展承担更多的责任义务。"一带一路"倡议致力于亚欧非大陆及相近区域的互联互通，构建和加强沿线各国和各区域之间互联互通的伙伴关系以及全方位、多层次、复合型的互联互通网络，以实现沿线各国和各区域多元、自主、平衡和可持续的发展。其中，"政策沟通、设施联通、贸易畅通、资金融通、民心相通"是"一带一路"倡议主要聚焦的五个方面。

"一带一路"倡议包括了众多不同民族、不同宗教、不同政体、不同所有制和不同发展阶段的国家和广大区域，如果没有互利合作、

包容开放甚至利他奉献的精神，没有强大的物质基础、先进的科技支撑和长期稳定的政策规划，就不可能擘画、建构、推进和实现这一前无古人、后无来者的世界级工程。综观世界历史和当代各国，尤其是西方发达国家，自长期殖民其他国家和民族完成原始积累而至今天的所谓"发达"，鲜见其互利包容精神。这是由个体主义产权基础和个体主义价值观上升为国家体制和国家意志主导政治和经济的必然结果，这在前面的相关章节中已经反复论及。与这种个体主义体制截然不同的是，中国特色社会主义坚守公有制主体和集体（整体）主义价值观，不仅对内追求以社会主义核心价值观为内涵特征的社会经济发展目标，实施"共同富裕"和区域均衡可持续发展的政策方针和规划，以满足"全体人民"对幸福美好生活的需要，而且对外推行包容开放、平等尊重和互利合作的政策路线，是其对内政策方针和规划向外的一种符合逻辑的自然延伸，也是中国梦和中华民族复兴愿景向人类命运共同体目标的一个科学合理的推进。"一带一路"倡议的提出和推动需要一个无私忘我、具有奉献精神和战略眼光的团队，需要海纳百川的胸怀和高度的智慧，需要强大高效的组织能力和一诺千金的执行能力，这一切特质和必备的要素只有中国共产党才具备。这样说并非言过其实，而是建立在长期的实践比较和严密的逻辑分析基础上的。首先，这一倡议的提出和推行需要一个高效稳定的政治体制才能顺利进行，在一个多党轮流执政和权力相互掣肘的政治体制中，出台这种超大规模的战略规划几乎是不可能的。其次，"一带一路"倡议需要天文数字计的资本投入，并且绝大部分投资都在回收期漫长和很高风险的基础设施和矿产开发领域，不是任何一个国家想做就能够做的。也许西方发达国家如美国有这个经济实力，但基于其个体主义自利甚至纯粹自利的行为选择，它们显然是不会做这种看似亏本的买卖的，否则也不会将一个"有利可图"的"大蛋糕"留到今天。最后，也是最重要的，"一带一路"显然是一个互利共赢和包容开放的倡议，是从相关各方的自身发展利益出发的，这就需要推动方有长期的"天下大同"的文化传承和平等互利的集体（整体）主义精神，这些在推崇个体主义价值观的政治体制和经济体制中显然是很难有生存空间的。因此，"一带一路"倡议由中国发起和推动，是历史的选择，也是历史的必然。它所凸显的是中国特色社会主义的政治和经济文化优势。中国独特高效的政治决策机制和中国共产党作为长期稳定的执政团队，不仅在国家治理中能够连续出台、实施和完成如"五年计划"这样中长期的关系整体社会经济发展的战略规划，自新中国成立伊始的70多年来，取得了举世瞩目的伟大成就，而且在对外交往中也能够一如既往地秉持"和平发展、独立自主"的外交原则，国家不论大小强弱，都一律平等对待。这既是中华文化几千年来的传统，更是中国特色社会主义的本质特性所决定的。正是拥有这种能够擘画长期宏观和高瞻远瞩的规划的制度能力和团队智慧，加上睦邻友好平等合作的外交原则，才使得"一带一路"倡议能够克服诸多困难拓展前行，并且已经取得了良好的成绩，得到了沿线国家和人民的认同和支持。一个政策规划的提出、出台和实施是要付出成本的，更不要说像"一带一路"倡议这样庞大的涉及几十个国家的规划，从提出到执行落实等，中国政府付出的制度建构成本是巨大的。难怪一贯以纯粹自利算计的一些政治和经济体制无法理解中国政府的做法，它们压根就不相信还会有一种为他人和他国利益考虑的政治文化和经济文化。这也从另一个侧面反映出中国特色社会主义文化的独特性和优越性，正是这种互利和利他精神，才使得这种文化具备了强大的生命力和竞争力。另外，中国特色社会主义所坚守的公有制主体不仅给了互利合作文化强大的物质基础，而且使得"一带一路"倡议所需的巨额资本投入有了一个坚实的平台基础。这一点是毋庸讳言的。如果没有中国政府大规模的国有资本先行投资于沿线国家的基础设施，尤其是道路、桥梁、隧道、电力、网络和矿产等这些初始投资规模巨大、回收周期很长、有重大投资风险的领域，"一带一路"倡议也就失去了启动的基本物质条件。个体意义下的产权基础不会也没有能力去投资这些短期甚至中长期都无法盈利的项目，但一旦当沿线国家的基础设施等被投资建设好了，就自然会吸引各类资本投资于其他有利可图的产业。这是一种正向效应，关键就在于谁来走出第一步。现在看来，不是西方发达国家看不到这些缺乏资金和技术的"一带一路"沿线国家蕴藏的市场机会，只不过不会做前期看似"亏本"的买卖罢了。再者，其政治体制和决策机制也无法推出这种超大规模的发展规划，其对外政策也没有互利合作的空间。这些也进一步凸显了中国特色社会主义文化的优越性和强大的竞争力。

实际上，"一带一路"倡议推行的过程就是一个以中国特色社会主义互利合作、平等尊重和包容开放等精神为代表的集体（整体）主义文化力量与西方发达资本主义国家，尤其是以美国为代表的以以邻为壑、干预甚至颠覆他国内政和"美国优先"等极端自利文化和诉求为代表的个体主义文化竞争的过程。自 2013 年 10 月由中国国家主席习近平提出这一倡议以来，中国国内学术界从各个层面都对其进行了深入的论证研究，基本上取得了社会普遍的认同，这一点从私人资本对沿线国家不断增大的投资规模就能够看出来。另外，与"一带一路"倡议紧密相关的省份和国内跨省域的区域发展一体化战略也都通过反复的论证细化，已经实现或者正在推进与"一带一路"倡议的对接。从国际上看，沿线国家对"一带一路"倡议的认可和接纳也从已经有长期合作援助实践的非洲国家，有良好基础的东南亚国家如巴基斯坦、缅甸和柬埔寨等，中亚国家如哈萨克斯坦、吉尔吉斯斯坦、塔吉克斯坦、乌兹别克斯坦、土库曼斯坦等；到近几年的快速拓展，比如东南亚大多数国家态度的转变和合作程度的不断加深加大，中美洲和拉丁美洲国家如巴拿马、巴西、智利、阿根廷等合作领域的扩大，中东欧国家如匈牙利、罗马尼亚、保加利亚、塞尔维亚、阿尔巴尼亚等16国一些重大项目的稳步推进；以及与俄罗斯经济发展战略的对接、与希腊战略合作的加强稳固等，都用事实和亮眼的成绩证明了中国特色社会主义文化是有广泛的包容性和强大的竞争力的。这种竞争力是在同时面对以美国为代表的西方发达国家的不断质疑、诋毁和分化等极端自利的表演中稳步树立起来的，也反映出所谓"美国优先"的个体主义极端自利价值观是不受欢迎的。这一点即使在其国内，也遭到了一些有识之士的批评。因此，从文化圈层的中间部分看，"一带一路"倡议的不断深化拓展，既是一场正在进行的国内国外关于互利合作、平等尊重和包容开放等价值观的大讨论，也是一场中国特色社会主义文化与"美国优先"极端自利文化的对决。孰优孰劣，孰胜孰败，只要不戴"意识形态"的有色眼镜，就是显而易见的。

进一步，从"一带一路"倡议主要聚焦的五个方面"政策沟通、设施联通、贸易畅通、资金融通、民心相通"看，从逻辑上，一个只追求自身利益而根本不顾及他人和他国利益的国家，如美国的"美国优先"政策，如果与其尝试交易的国家也奉行同样的政策，则这样的两个国家或多个国家就不可能有基于互利的合作，它们的政策就压根不存在沟通的基础；如果与其尝试交易的国家奉行的是互利合作的政策，但面对一个只讲自己利益的国家，政策理念不同，也就失去了合作的基础。只有两个国家或者多个国家都奉行的是互利合作和合作共赢的政策理念，才有了政策沟通和长期合作的保证。再从民心相通看，只有相互向善、相互理解、相互帮助和相互尊重，才能够相互交心。世界尽管复杂多变，但真善美等是相通的。如果一味依靠欺骗、霸凌和强权去"征服"人心，则终将成为"孤家寡人"。即使一时成功，也绝对不会长久。中国特色社会主义所倡导的正是互利合作、平等尊重和包容开放的精神，并持之以恒地加以身体力行。正是这种基于集体（整体）主义价值观和体现社会主义核心价值观的中国特色社会主义文化，才使得"一带一路"倡议这个惠及近70个国家并且会将其利好延伸至其他所有国家的世纪工程最终顺利实施。这是推崇如"美国优先"价值观的落后文化所无法比拟的。再看设施联通和资金融通，"一带一路"沿线大部分国家属于发展中国家，在经济发展中最短缺的是资金和技术，这些资金和技术需要大量投资于基础设施领域，而基础设施又是一个前期投资规模巨大和赢利风险极高的领域，正如前文所言，追求利润最大化的私人资本通常不会去做这种短期不赢利长期又无赢利把握的项目，作为头号资本主义强国的美国等国家更不可能不带任何政治和经济条件地向这些国家的基础设施领域投资，加上其一贯的技术封锁做法，指望它们做"亏本"买卖，无异于与虎谋皮。这也正是当中国政府发起"一带一路"倡议并已经取得丰硕成果，给沿线相关国家带来实实在在的好处时，以美国为首的西方发达资本主义国家还在罔顾事实、一味唱衰和恶毒攻击这一倡议的文化原因。用中国的一句俗语说，这就是"以小人之心度君子之腹"。面对这种复杂的情况，只有奉行合作共赢、包容开放原则和坚定不移地走中国特色社会主义的中国政府才能够勇于承担起这一有利于沿线众多发展中国家社会经济发展和提高当地民众福祉的壮举，也正是这一倡议的推行才在世界范围内进一步充分展现了中国特色社会主义文化的优越性。最后是贸易畅通，在当下全球兴起以美国为首的贸易保护主义逆流时，中国政府以发起和实施"一带一路"倡议为抓手，坚定倡议和大力推动互利共赢的多边贸易体制，维护和倡导改革世界贸易组织等传统的贸易机制，连续举办大规模的世界进口博览会，为处于滞缓阶段的世界经济不断注入推动力量，这不仅是中国自身经济发展的需求，也是中国作为世界大国负责的表现。具体到"一带一路"沿线国家，正是中国不断加大开放力度，才使得这些国家的大量产品能够进入中国这一庞大市场，不仅助推和加速了其国内经济发展，而且满足了中国人民对更好更优质产品的需求。因此，"一带一路"倡议所聚焦的五个方面充分体现了当事各国平等尊重、互利合作和包容开放的外交原则，这也正是中国特色社会主义政治文化和经济文化优越性的体现。随着"一带一路"倡议的不断深入发展，中国特色社会主义文化所秉持的互利合作精髓将获得越来越多的认同，具有日益强大的竞争力。

第三节　极端自利：资本主义文化本质的现实考察

一、个体主义主导的政治和经济

经济的个体主义产权基础在一定的规模内是符合市场要求和基于个体的主动性和积极性驱动的，但当其超越这一规模形成垄断后就走向了市场规则的反面。个体自利在通过市场机制实现其最大化的过程中，难以避免地被自身所遵循的个体主义价值观逻辑否定掉了。进一步说，即个体自利的自由被更大规模的个体自利借由非市场的手段剥夺了。如果没有一个高于个体主义经济逻辑的制度安排来规制这种非基于市场正义的自利最大化，则个体自利终将走向极化，普遍的个体自利就无法在经济范畴得到实现。个体主义价值观就失去了其普适性，而异化为少数个体维系其极端自利的文化符号和价值口号。因为，失去个体自利自由和成就个体极端自利的都是个体主义价值观。显然，这种经济层面的矛盾无法通过经济手段缓解和消除，因而其衍生的一系列公共问题更是个体自利所无力也没有意愿去解决的。政治就应运而生了。在个体主义的语境下，政治是一个公共领域的制度设计，是个体同意并超越于个体之上的。政治的这种导向于整体层面的制度属性本质上是与个体主义价值观相矛盾的。因为从个体主义逻辑是无法推论出一个关注集体（整体）利益的制度设计的。它既然存在了，就只能是个体间相互妥协的结果。但这种妥协也只能是暂时的。个体主义价值观注定了政治永远是个体利益争夺战汪洋中的一叶浮舟，而不会成为守护集体（整体）利益的灯塔。

尤为显著的特征是，个体主义价值观不仅主导了经济层面，而且将实现个体自利最大化的竞争法则由经济领域引入政治领域，超越于个体的政治在这种实现其功能的模式中最终被不同的个体反复俘获，变成了这些个体实现自利甚至极端自利的最权威和最高效的工具。本来超越于个体的政治仍然逃脱不了被个体主导的结局，尽管这种现实结果是符合个体主义的发展逻辑的，但它又是与政治的集体（整体）属性相违背的。这就是个体主义作为一个国家主流价值观的内在冲突性。在以竞争为运动特征的经济领域，个体主义在一定的经济发展阶段还是有其合意性的。但在外部性和公共性不断扩大的社会经济发展阶段，个体主义即使在经济层面也成了增大交易成本的主要原因之一。尽管从制度设计上，个体主义主导下的政治被拆分成了"三权"或"多权"架构，但也仅仅解决了个体垄断政治的极端情况的出现，并没有改变个体主义成为政治场域的主导价值观。当所有个体都认同个体主义价值观时，基于其上的极端自利无论是呈现于经济垄断还是政治垄断，在普遍个体的意义上就有可能不会被批判和反抗，尤其是当个体主义所产生的内部张力被引向外部后，个体主义甚至还会被认为是一种极具竞争优势的价值观体系。个体主义的必然结果是不同程度的两极分化，但当内、外部的两极分化（比如发达国家和发展中国家）显著大于内部的两极分化时，这种本来导源于个体主义的基于非平等的比较优势却成了维持内部两极分化的文化"骄傲"和次优选择。

从文化的角度看，个体主义不仅是基于个体产权基础之上的主导价值观，为个体产权基础服务，并进而延伸至政治领域，将政治异化为实现个体极端自利的最后手段，而且在这一"自然扩展"的过程中将其自身转化为文化本身。因此，正如前面章节中已经有所论及的，个体意义下的产权基础其文化是以个体主义价值观为灵魂的。这种文化崇尚一种追求个体自利最大化的"自由"，显然，无论是政治文化还是经济文化，也只能是个体主义在不同领域的表现。既然个体主义价值观的逻辑发展最终会走向极端自利，也就意味着个体主义文化缺乏甚至没有互利存在的空间。从我们对文化竞争力的定义看，个体主义文化是没有竞争力的。但这并不意味着它在一定时期不会大行其道。相反，正是因为其极具侵略性的文化特性，才有可能在特定的历史阶段实现少数国家的极化优势，也正因为学习效应会使其在短期内获得众多拥趸，但侵略性毕竟不是竞争力，这种文化在长期中是不可持续的。

二、资本主导和政治的产业化

当经济层面的竞争法则和个体主义价值观被延伸至政治层面并作为主导政治运行的法则时，政治作为集体（整体）利益的制度功能就被异化了，成了个体主义追求自利最大化直至极端自利所必须获取的特殊资源。个体主义逻辑不相信有超然于个体自利的政党行使专为实现集体（整体）利益服务的政治，借由选举的合法性认同和不断的政党轮替就成了经济由个体意义下的产权基础主导的社会的必然。这种政治实际上成了个体主义必然和必须追逐的猎物，成了势均力敌者分肥的饕餮盛宴。既然个体主义价值观主导下的经济和政治决定了政治无法超然于个体自利之上，那么就只有一个结果，即政治沦为个体谋取更大利益甚至极端自利的工具。现在的问题是，什么样的个体才可能和最终能够掌握政治权力？从政治契约的缔结和其代理人的产生过程来看，普通选民除了一次投票的权力（这种权力往往还要受到各种因素的干扰），在下一次投票之前，与政治的具体运作过程再无关系。而巨额的选举成本也将绝大部分普通个体挡在了进入政治场域的大门之外。最后只有拥有资本实力的个体或某些资本或资本集团的代理人才是获取政治权力的唯一候选者。在这样的大背景下，无论是哪一个个体或哪一个政党胜选，其本质都是一样的，都逃不脱作为资本代理人的命运。因此，在个体意义下的产权基础主导经济和个体主义价值观主导意识形态的社会政治经济体制中，资本主导政治是必然的，也是自然而然的。这种将实现集体（整体）利益的政治权力异化为服务资本个体的显然背离公平正义原则的制度设计，在个体主义价值观的催眠术和与外部的虚幻的比较优势中，也被大部分普通个体所认可和接受。

　　个体主义实现自利和极端自利的经济法则延伸至政治场域的一个可怕后果是政治的产业化，政治不再是集体（整体）利益的守护者，而变成了能够给特定个体带来垄断租金的准产业。既然政治是"产业"，又可以带来丰厚的利润，对政治权力的争夺之激烈就可想而知了。这种激烈的过程尤胜于经济场域，手段之复杂诡谲也远高于经济场域。因为解决个体主义无法克服的外部性、机会主义和公共问题等产生的政治制度，又在个体主义价值观极端自利的撕扯中变得效率低下，直至沦为资本投资的"产业"对象。在政治竞争中的胜出者，无论是看似与经济或资本没有关联的"纯粹政治工作者"，还是拥有大规模企业王国的资本所有者，归根结底都是为特定资本服务的。因为借由经济场域的竞争法则走向垄断地位的个体自利同时也最有可能是政治场域竞争的胜出者或其幕后人，当资本结成同盟，这种可能的胜出就几乎是必然了。因此，在选举政治中，对投资于政治的个体或其后的资本来说，普通个体的投票仅仅是技术层面的一个合法性认同，攫取最大的政治产业蛋糕份额才是最终的战略诉求。如此，面对比经济场域竞争更大更高的性价比，对政治权力的追求在个体主义价值观的普适性中就成了"赢者通吃"的必然选择。政治的崇高性湮灭了，个体在追求政治权力的道路上不再怀有奉献于集体（整体）利益的"道德法则"，而是将自己变成了一个利用一切机会逐利的商人。如此，则政治就无可避免地蜕变成了个体逐利者眼中一桩有利可图的"生意"，各种匪夷所思的政治闹剧的不断反复上演就不足为奇了。

　　从文化的视角看，政治文化和经济文化的个体主义内涵本身就限制和削弱了政治的公共属性，当个体主义逻辑走向极端自利阶段后，政治就被悍然当作了一个经过合法性包装的可以任意攫取的产业，无论口号多么"高尚"，从事政治产业的个体或党派从本质上甚或从一开始就已蜕变为"生意人"。从这个本质性看，政治和经济对于掌握它们的个体而言，只不过是其获取利润的不同途径而已。所谓政治文化和经济文化也就不存在太多的区别，我们耳熟能详的"人不为己，天诛地灭"可谓道尽了这种文化的本质。既然文化圈层的核心部分所倡导和遂行的是极端自利的文化，作为其中间部分的神经网络和意识形态则自然成了为个体主义和个体自利甚至极端自利进行理论修饰和鼓吹的社会动员和催眠力量。在文化圈层的外围部分，各种宣扬个体主义、过度消费主义和放任个体欲望无限膨胀的文化形式也借由文化产业的平台大肆攻城略地。这些所表现的并非个体主义文化有多么强大的竞争力，而是其有基于人性弱点的腐蚀性和侵略性。

三、个体主义文化本质的几个典型案例呈现

（一）英国"漫长"的"脱欧"

2020 年英国"脱欧"跨入第四个年头了，从普通民众到政府高层，英国社会所呈现给世人的是无休无止的争论、抗议和撕裂。个体主义价值观中的高效率不仅在经济领域正不断销蚀，而且在旷日持久的政治纷争中更无从谈起。显然，从普通民众来说，"留欧"是能够带给他们更大的选择性的。尤其是对于一些非原住民而言。但同样，面对来自欧洲内部其他国家同样产品的竞争，与其紧密相关的一些民众则理性地选择"脱欧"。当政治决策层面无论出于何种算计将这种非此即彼的选择权交给民众时，公投的结果所带来的不会是整体社会的接纳，"脱欧"的同时也揭开了社会撕裂的伤口。以"阿罗悖论"的提出者阿罗为代表的西方理论家们早已经反复论证过了，指望通过大规模和普遍性的"公投式"投票，根本不可能得到一个能够被整体认同符合群体理性的结果。英国这次的"脱欧"公投就再一次用

超大规模的社会实验印证了这一理论的正确性。对于普通民众来说，他们根据自己的判断和需要二者选一，个体理性的成分应该还是很高的。但正如奥尔森所指出的，这种个体的理性并不必然带来群体的理性，反而会导致群体的非理性。但在个体主义的制度设计中，这是一个无法破解的"怪圈"，一旦陷入就很难摆脱。既然无法达成一致性同意，那就交由间接同意规则下的代议制"民主"机制解决吧。但不幸的是，正如前文中一再论及的，无论是唐宁街10号的主人及其政府团队，还是上、下两院的议员们，这个本来应该为英国全体国民利益着想的复杂和看似符合公平原则的制度设计，却在每一位或不同政党和地区的"政治从业者"的算计中偏离了方向。当一次次近似于争吵的辩论始终无法得出符合程序和被认可的决策结论时，这些寄托着选民期望的"政治从业者"却"技巧性"地将"皮球"踢给了民众。显然，公投的结果会有，但它显然不具有弥合社会撕裂的功能。但对于"政治从业者"们而言，他们需要的只不过是借由公投的技术性策略取得合法性认同而已。对于个体主义者而言，他需要的是结果，至于由此产生的巨大的社会成本他是不管的，也无力去管。这就是基于个体主义价值观的选举文化"理性的荒谬"之所在。

保守党通过"公投"的技巧性策略取得"脱欧"的合法性认同和民众基础，但是要通过议会辩论取得多数同意却是一个艰难的任务。从源头上，英国为什么要脱欧？这也是一个个体主义主导下的同样的制度设计难题，只不过这个难题上升到了由二十多个国家组成的欧盟层面。出于英国自身利益的算计，英国保守党主导和上演了这场"漫长"的脱欧大戏，归根结底还是个体主义价值观作祟。在欧盟层面，英国去意已决，也只有算好脱欧账，挥手再见了。妥协是需要压制各自的个体主义算计，给集体（整体）主义一点生存的空间才能够发生的。那么，英国保守党为什么要执意"脱欧"呢？除了为英国整体的比较利益着想（但显然，在一个撕裂的社会中，要得到一个整体的利益最大化是不太可能的），最可能的答案就是保守党所代表的利益阶层了。查一查历史就可以知道，作为大资产阶级、大地主和贵族利益的代表，保守党的"脱欧"大戏就有了显而易见的资本主导迹象。因此，无论多么义正词严和冠冕堂皇的议会辩论，只要暗藏着个体主义的算计，就很难达成一个为集体（整体）利益着想的合意性结果。更何况"脱欧"能不能实现集体（整体）利益的增大是存有很大疑问的。当一个政策结果无法做到帕累托改进甚至连卡尔多－希克斯福利标准都达不到时，这个政策的推行就有可能遭遇极大的挑战。加上个体主义逻辑所必然导致的"为反对而反对"，脱欧的过程就更加困难了。因为对于在野党，只有通过反对执政党的政策才能够不断累积重新获取政治权力的资本。在个体主义主导的政治和经济版图中，只要反对的声音足够大，就总会有不问是非只问立场的选票流入。对于"政治从业者"来说，"政治"这个"生意"能不能做得兴隆发达，或者说"政治"这个"谋生"手段能不能稳定长久，反对就是一个最简单和最经济的法宝。可见，在个体主义主导的政治场域中，反对并非为了公众利益，而是为了个体或特定团体的自利算计。当不同的个体或政党、团体利益处于无法调和的状态时，非合作就成了极端自利必然的结果。人的理性在这种内耗中消失了，恰如一群不知道为何而争或者处于羊群效应下的猴子，就像一幅类似画面对英国脱欧纷争不断的议会议员们所描述的一样。实际上，不管脱欧到底对英国的整体利益有没有助益，这种"创纪录"的格外"醒目"的漫长"撕扯"过程，至少充分暴露了个体主义主导的政治在所谓权力制衡的制度设计中的低效和无力，也反映了这种制度无法克服的内在缺陷。如果从政治作为解决公共领域问题的传统西方解释看，其取得合作结果的绩效是不显著的。这种低效的制度文化是缺乏竞争力的，一个主要原因即在于个体主义价值观与政治公共属性之间不可调和的矛盾。在个体意义下的产权基础完全主导经济领域并借由个体主义价值观主导政治领域时，政治的公共属性就被个体自利所吞噬，在不明真相的世人面前仅仅成了一个"合法性"的象征。"政治从业者"在借由选民的信任投票获取政治权力后就背离了对选民的公共利益承诺，转而将个体自利放在最前面。因此，个体主义价值观与政治公共属性的内在矛盾决定了现实中这种政治文化和经济文化的自私和虚伪，其所反映的是基于个体主义的文化侵略性而非基于互利的文化竞争力。

（二）"美国优先"和特朗普现象

英国"脱欧"所反映出的西方老牌发达资本主义国家基于权力制衡和多党通过选举轮流执政的政治制度设计所处的困境，不仅在像美国这样的所谓民主自由"灯塔"的国家同样存在，而且在如拉美等发展中国家普遍存在。这是由其个体意义下的产权基础主导经济和基于其上的个体主义价值观所决定的。当个体主义极端自利与政治的公共属性处于激烈的冲突时，就连个体自利之间的"妥协"也无法达成了。无论是发达的资本主义国家还是发展中的资本主义国家，被"自由和民主"修饰的个体主义价值观在被普遍个体认同和接受的同时，也毫不避讳地加速走向个体极端自利。其所奉行和实践的实际上是被一直诟病的"霍布斯丛林法则"。个体主义的发展逻辑不可能实现世界范围的普惠性发展，因为它必然导向世界或者一个国家之内的两极分化结果。西方发达国家的发展历史和现状就能够充分地说明这一点。其发展历史是一个两极分化世界的过程，现状则仍然表现为其国内严重的两极分化困境。至于发展中的资本主义国家，其失去了像老牌资本主义国家通过殖民、战争和非公平贸易等手段奴役和剥夺其他相对落后和发展中国家的机会或者说历史条件，只能长期陷入由于自身国内两极分化所导致的经济政治动荡之中。而且，这种动荡本身也仍然是像美国这样的发达资本主义国家两极分化世界的过程的一部分。

这是当下仍然由个体意义下的产权基础和基于其上的个体主义价值观占据主导地位的世界所经历和面对的结构性困境的一个共同背景。无论是个体、企业、组织还是国家，在维护和追求自身利益的同时，都应该负有对他者和社会的伦理责任，这也是超越个体的人之社会存在的必要条件和目的。但显然，个体主义主导经济和政治的逻辑发展结果却在不断地突破甚至废弃这一基于互利合作的公共属性。"美国优先"就是个体主义极端自利发展到最后在国家层面的一个典型呈现。维护自己国家的利益没有错，但那是要建立在相互尊重和互利合作的基础之上的。"美国优先"显然不在这个合理的层面，而是将个体极端自利以"国家极端自利"的方式表现出来了。其本质和诉求是"只有美国可以，其他国家不可以"，也就是中国古语所说的"只许州官放火，不许百姓点灯"。这种国家层面的极端自利，既是个体主义价值观逻辑发展的必然结果，也是个体主义主导和控制意识形态所长期形成的社会"共犯"结构认同和支持的结果。因此，在所谓价值观相同的国家中，除了以个体自利的方式抵制来自"美国优先"的对自己国家利益的损害，很少有公开质疑这种国家层面极端自利的任性霸凌和非道德性的来自政府和公共舆论层面的声音。这也就意味着，个体主义极端自利在一个国家内部所形成的"共犯"结构，已经超越国家，在价值观相同的国家之间形成了"共犯"结构。也就进一步意味着，如果条件和时机成熟，它们也会奉行同于"美国优先"的极端自利政策。这是由个体主义主导经济直至必然主导政治的结果，要改变这种基于垄断的经济政治结构，就只能破解完全由个体意义下的产权基础主导经济层面的问题。但显然，在个体主义被作为"自由民主"的灵魂和精髓并成为主导或主流价值观时，作为其物质基础的个体产权基础是无法被撼动的。正如前文中我们已经对个体意义下的产权基础的合理性和必要性进行了相对深入的分析所肯定的，个体产权基础是个体自由发展的物质保证，有利于激发个体的主动性、积极性和创造性。但当没有集体意义下的产权基础和集体（整体）主义价值观的引导和规制时，个体主义价值观和个体自利的一味宣扬则最终会促使个体走向极端自利。这时候个体意义下的产权基础就会超越其合理性而走向垄断，当这种在经济层面的垄断达到一定的程度时，就会必然走向对政治的垄断。需要指出的是，个体主义以资本的名义对经济和政治的垄断与昔日王权对政治和经济的占有是不同的，粗略地讲，后者是通过攫取政治进而占有经济，前者则是通过垄断经济进而主导政治。尽管本质上王权也是极端自利的一种，但从政治而经济是"独裁"；相反，个体主义从经济而政治则被誉为"自由竞争"和"民主"的结果。这种"自由民主"的结果不仅掩盖了只有通过"竞争"而获取经济垄断地位的个体才有实力和机会主导政治权力的事实，而且更加隐藏了获得政治权力的个体利用其攫取更多经济利益的事实。因此，本质上，"美国优先"是其国内主导经济和政治的个体极端自利突破国家范畴向世界的"拓展"，是个体主义价值观下极端自利符合逻辑发展的一个极致表现。当极端自利突破国家界限后，所谓的"自由竞争"不再是获取他国经济利益的主要手段，类似于王权的先由政治再向经济的方式反而成了主要手段。这也就是美国自立国以来几乎一直在发动对他国战争的主要原因。通过战争和"颜色革命"干预和主导他国政治并进而攫取巨额经济利益成了美国极端自利的主要表现形式。从这个角度看，突破国家范畴的极端自利及其获取经济利益的方式，使得美国与昔日的王权没有了任何区别，所展现的完全是"霸权"和"独裁"的"帝国"本色。因此，个体主义价值观下的所谓"自由、民主、人权"只不过是服务于这只"帝国"饕餮的舆论工具而已。就像老虎改变了生吞活剥猎物的传统野蛮方式，打一针叫"自由、民主、人权"的药剂，让猎物"笑"着死去一样。只可惜个体主义极端自利很容易激发人性恶的一面，它就像打开潘多拉盒子的钥匙，在错综复杂的世界和真假难辨海量的信息面前，让很少或者根本没有历史概念和辨别能力的民众成为追逐西方所谓"自由、民主、人权"虚伪口号的"政治炮灰"，帮助美国成为其推行"颜色革命"的致乱自己国家的主要力量，同时帮助自己国家从事"政治产业"的个体极端自利者攫取到政治权力，这些"政治从业者"往往是美国发动"颜色革命"国家的利益代言人。

"美国优先"除了用战争、"颜色革命"等直接和悍然的方式干预和推翻对方国家的政治主权和合法政府，在国际事务中还有几个显著的特征，其一就是"合则即用，不合则弃"的任性"退群"行为，根本无视契约原则，完全不顾国际道义和国际形象。将个体主义极端自利在国家层面表现得淋漓尽致，无论其宣讲得如何冠冕堂皇，只能更加证明美国所秉持的"美国优先"的个体主义文化是没有任何优越性和竞争力可言的，倒是充斥着市井无赖式的任性和霸凌。这都是与美国所鼓吹的"自由、民主、人权"格格不入甚至背道而驰的。美国连联合国保护妇女的《消除对妇女一切形式歧视条约》和儿童的《儿童权利公约》都拒绝签署，也拒绝签署如《经济、社会、文化权利国际公约》《国际人权公约》《联合国海洋法公约》和《京都议定书》等保护文化、人权、环境等的国际公约，还于 2017 年 10 月 12 日退出了联合国教科文组织，却以"民主、人权"卫道士自居，动辄挥舞制裁和干预大棒，是何等的厚颜无耻和讽刺可笑。据不完全统计，美国由于一己私利先后退出的国际协议和国际组织可谓多矣！比如，1985年，美国因遭到尼加拉瓜申诉其武装干涉侵犯主权，宣布退出联合国国际法庭，拒不接受其强制执法权；1995 年，美国宣称由于"国内预算困难"，退出联合国工业发展组织并拒交拖欠会费；2001 年，美国在未能阻止讨论以色列对巴勒斯坦人的镇压行动之后，宣布退出联合国反对种族主义大会；2001 年，美国为强化其军事优势，正式退出美苏 1972 年签署的《反弹道导弹条约》；2002 年，美国认为对美国的军人、外交官和政治家不利，正式退出《国际刑事法院规约》；2017年 1 月 23 日，美国总统特朗普签署了上任后的第一份行政命令，正式宣布美国退出跨太平洋战略经济伙伴协定 (TPP)；2017 年 6 月 2 日，美国以巴黎气候协议以美国就业为代价、不能支持那种会惩罚美国的协议为由，退出巴黎协定这一全球性的气候协议；2017 年 12 月 2 日，美国驻联合国代表团宣布美国总统特朗普决定退出全球移民协议的决定；2018 年 5 月 8 日，美国总统特朗普正式宣布美国退出伊核协议；2018 年 6 月 19 日，美国指责联合国人权理事会长期对以色列存在"偏见"，无法"保护人权"，决定退出联合国人权理事会；2018 年 10 月，因美国特朗普政府决定将美国驻以色列大使馆迁往耶路撒冷这一争议地区，巴勒斯坦将美国这一行为告上了国际法院，特朗普决定退出维也纳外交关系公约；2018 年 10 月 17 日，美国认为在邮政"终端费"问题上，世界上其他国家占了美国的"便宜"，美国吃亏了，宣布启动退出万国邮政联盟程序；2018 年 10 月 20 日，特朗普指责俄罗斯单方面研发武器、违背条约规定，尽管俄罗斯予以反驳，但是特朗普决意退出中导条约；2019 年 4 月 26 日，美国总统特朗普宣布，美国将退出联合国《武器贸易条约》；2019 年 11 月 19 日，据美国《华盛顿时报》网站报道，特朗普总统计划让美国退出《开放天空条约》；等等。可见，在美国眼中，只要是不符合美国极端自利要求的，弱小的国家就大打出手，国际公约和国际组织就直接退出。尤其是特朗普执政期间，更是将这种极端自利发挥到了极致和赤裸裸的程度，其"退群"之快之多实在是让人匪夷所思。其二就是利用其国内法大肆"长臂管辖"他国内政，发生在别的国家身上的不说，就拿其无理插手干涉中国内政来说，其表现是何其颟顸霸道。对中国新疆、西藏事务的无端指责、颠倒黑白，对中国台湾的长期染指和图谋不轨，对香港特别行政区的长期渗透、培养代理人和直接插手推动"颜色革命"，等等，不一而足，可谓坏事做尽。不顾中国政府和中国人民的强烈反对，悍然出台一系列涉台、涉港和涉疆的所谓法案，严重干涉中国内政。其目的只有一个，就是搞乱中国，遏制中国发展。美国这种基于本国立法对他国内政的插手干涉，已经抛开了通过经济渗透和培养代理人等相对隐蔽的手段，将遂行于其国内的极端自利做法公然施加于其他国家，已经没有任何底线，是彻底的政治敲诈。除了用列宁的帝国主义理论来解释，我们能够找到的西方理论中的线索就是对个体主义价值观的褒扬和由其发展而来的极端自利的纵容。对于美国的经济和政治垄断者而言，只要是对其有利的，无论怎么做都是符合"民主自由"和"正义原则"的。就像他们对印第安人、对伊拉克、对阿富汗、对利比亚和对叙利亚等所做的一样，美国的谎言和屠刀就是上帝的福音。与被美国大兵踏足的国家社会动荡、经济凋敝、人民流离失所和血流成河相比，用国内法"长臂管辖"他国内政就显得"仁慈"多了。但美国的极端自利者们真的"仁慈"过吗？从被美国所谓的"民主自由""洗礼"过的国家和地区的沉痛历史看，"长臂管辖"只不过是美国举起屠刀的一个前奏而已。因此，凡是遭受美国"长臂管辖"的国家一定要有十二分的警惕和拿出坚决的反制手段。对于中国，则更是要向世人揭示美国的"无赖嘴脸"和"霸权行径"，绝地反击，不给其任何幻想的空间。因为对于美国这样一个奉行个体主义极端自利的国家，只有与其坚决针锋相对，才是制胜之道。任何妥协和退让都是自掘坟墓。其三就是利用西方世界控制的话语权，借助各种信息技术、媒体、网络等渠道，以及在国际舞台、外交场合等，大肆造谣、污蔑和抹黑对方国家和政府形象，制造虚假新闻、肆意歪曲事实、颠倒是非、挑拨离间，在经济和政治上进行无理打压和极限施压，豢养出卖国家和民族利益的对方国内投机分子，利用第三方组织和驻外机构没有任何底线地参与和实施插手、干预和推翻对方国家内政和政府的活动等。比如美国对中国台湾、香港、新疆和西藏等国内事务的无端指责直至出台相关方案意欲进一步实施制裁等，对中国维护南海主权的无端指责、造谣、恫吓和离间等。长期以来，穷极一切手段，防中、抗中、反中和乱中之心不死。特朗普政府及其抛出的"美国优先"政策，则更是扯掉了一切遮羞布，赤裸裸地、堂而皇之地在世界各地要弄其无赖霸权行径，将个体主义极端自利发挥到了淋漓尽致、无以复加的地步。不仅让世界有正义感的国家和人民见识到了什么叫厚颜无耻，而且进一步昭示了资本主义体制发展终极指向的荒谬性，也揭示了以个体极端自利为灵魂的资本主义文化的狭隘、自私和不可持续。

"特朗普现象"也是一个值得关注的社会议题，是个体意义下的产权基础完全主导经济并进而主导政治进程中的一个标志性事件。没有人否认，西方发达资本主义国家尤其像美国这样所谓"三权分立"

的国家，经济权力和政治权力是同为一体的。几乎每一位美国总统背后都"站立"着其所代表的大资本家和大利益集团，有的总统如老布什和小布什父子，其家族本身就是大资本所有者。尽管布什父子总统先后发动了针对伊拉克的战争，把人家的总统送上了绞架，小布什还发动了阿富汗战争，但世人很难弄清楚这些和他们自己的家族资本以及其所代表的美国石油财团到底有多么紧密的关系。即使如此，人们对大资本家族获取总统权力（像当年的肯尼迪家族和现在仍然辉煌的克林顿家族）还没有引起足够的重视和反思，甚至都没有感到太多的惊讶。除了这本身是资本主义政治经济体制的常态，长期各个层面宣扬和奉行个体主义价值观的思想也起到了"驯化"和"麻木"社会大众的重要作用，使得这种本来褫夺公共权力为自身所在大资本阶层服务的制度设计，竟然成了"捍卫""民主、自由、人权"的"唯一和最好"选择。这种本来在资本主义体制精英阶层奉行的个体主义极端自利行为范式，在放任人性欲望和学习效应中逐渐在全社会弥漫、渗透和浸淫，使得资本主义整体社会成了一个"共犯结构"。也就是说，在西方发达资本主义国家，处于两极分化另一头的绝大部分民众一边"接受"着精英阶层的"剥削"，一边还在"起劲"地嘲笑和谩骂其他国家被像美国这样颠倒黑白的国家宣讲的所谓对"民主、自由、人权"的"侵犯"。就像富人家的奴仆，即使一个看门的，也好像有了十足的"优越感"嘲笑甚至欺凌其他的穷人一样。可见，在个体意义下的产权基础完全主导经济和基于其上的个体主义价值观主导社会意识形态时，大资本阶层掌握政治权力是个体主义发展逻辑的必然结果。那么无论是大资本的代理人还是大资本所有者本人出任总统、议员、州长、州议员以及政府各个部门的要职，也都是顺理成章自然而然的事。这在资本主义社会看起来已经不存在值得重视的理论和实践质疑。显然，特朗普并不是第一位以资本家身份出任美国总统的人，之所以可以称之为"特朗普现象"，是与其推行的"美国优先"政策紧密相关的。总体上，"特朗普现象"的标志性意义主要体现在几个方面：其一是由于特朗普将其在商业领域使用的原则、策略和手段不打折扣地运用在政治尤其是国际政治之中，追求经济利益的最大化变成政治利益的最大化，直至提出"美国优先"这种彰显极端自利的政策口号，非常露骨地将国内外政治生意化，把国与国的关系也生意化，公然将体现公共利益的政治极端庸俗化。其二是特朗普不仅凸显了其作为商人总统的鲜明的个人风格，而且无视程序，将其家族成员和亲朋故交大幅度引入美国政府治理团队，使这个一直号称法治立国的头号资本主义国家显得名不副实，也彰显了所谓选举民主"一人得道，鸡犬升天"的虚伪。其三是特朗普政府在政策尤其在外交领域的反复无常、霸凌恫吓、信口雌黄和不断"退群"行为，将一个唯利是图、毫无诚信可言的最发达资本主义国家的政治经济文化本色充分地展现在了世人面前。这是一个值得深思的问题，其中意味着美国看似的成功背后充满着非正义的各种极端自利的算计。这并不表示美国的历届总统中就没有德才兼备的贤达人士，也并不表示美国在其建国后的240多年中就没有为国际社会做过任何贡献，但这些显然仅仅是奉行个体主义价值观的美国发展大趋势中几朵略显正义色彩的浪花而已。"特朗普现象"所揭示的，正是这一发展大趋势所指向的必然阶段，一个由个体意义下的产权基础完全主导经济和基于其上的个体主义价值观主导社会意识形态，并进而主导政治的必然走向极端自利的阶段。其四是"特朗普现象"说明，像美国这样的发达资本主义国家或者说"选举民主"体制已经发展到一个控制和主导经济和政治的精英阶层和社会普通大众在价值观上形成"共犯结构"的阶段。对邻人和他国的肆意诋毁践踏反而成了获取自己国内选民支持的"壮举"，这不仅仅是一个信息不对称的问题，也是一个奉行个体主义价值观的社会整体道德水平下降的问题。西方式的所谓"民主选举"已经到了一个只问立场、不问是非的"吃人血馒头"的阶段，尽管这是个体主义价值观逻辑发展的必然，但仍然让人倍感惊讶！这种强烈的意识形态挂帅，已经到了无以复加的地步。既撕裂了自己国内的社会团结，也破坏了国际社会之间的互利合作。其五是"特朗普现象"说明，如果说像布什父子和克林顿总统没有很明显地让人们将目光聚焦于其庞大的家族资本身上的话，特朗普通过自己"特立独行"的个人做派和富丽堂皇的海湖庄园的展示，一味在不断地提醒世人，在美国或其他资本主义体制的国家和地区，大资本所有者可以任意地在经济和政治之间切换身份。本来隐藏在理论研究和纷繁复杂现象后面的资本对政治的主导却被一个如此鲜明的典型标志揭示在世人面前。综观当下的世界，好像类似于特朗普的集一国或一地区政治权力和庞大经济王国于一身的人还不少。在奉行个体主义价值观的国家和地区，人们也并不觉得这有什么不对，除了抱怨自己运气不好，更多的则是一种艳羡。实际上，这是一种社会两极分化后普通大众无奈和麻木的表现，也是长期被个体主义价值观"温水煮青蛙"的结果。可以预见的是，不仅在像美国这样发达的资本主义国家，而且在个体意义下的产权基础完全主导经济并奉行个体主义价值观的其他国家和地区，像特朗普这样的大商人或大资本所有者出任总统和领导人的比例会越来越多。这既是个体主义价值观逻辑发展的必然结果，也是个体极端自利下社会两极分化的必然结果。

第四节　小　结

本章的主要观点归纳总结如下：

（1）极端自利除了其个体主义价值观基础，在产权基础上必然追求个体所有。当个体意义下的产权基础超越一定的规模和范围，个体自利就可能走向极端自利。个体主义内在的逻辑矛盾很难甚或不可能产生一种被普遍接受的互利结果。本来应该规范和限制极端自利的政治制度反而成了极端自利本身的一部分，这是个体主义价值观和完全个体意义下的产权基础"自然扩展"的必然结果。在现实世界中，各种各样的霸权主义本质上就是个体主义价值观和完全个体意义下的产权基础上升到国家和整体层面后的一种必然表现。

（2）互利合作显然是与极端自利结果相反的一种行为选择和制度路径。互利是基于合理的个体自利的，互利合作并不排斥合理范围的个体自利。尽管个体自利和个体意义下的产权基础有其一定范围的合理性，但在缺乏制度设计尤其是政治制度的规范和限制时就可能走向极端自利。要使政治不被个体自利主导，就需要基于整体主义价值观的集体意义下的产权基础对个体意义下的产权基础进行引导和调节并进而防止个体自利走向极端自利，从意识形态的角度讲，就是需要防范个体主义价值观成为主流价值观。要使集体主义价值观成为主流或主导价值观，就必须使集体意义下的产权基础成为整体经济所有制结构的主体。

（3）中国特色社会主义在产权基础结构上是坚守公有制主体的，中国共产党作为执政党不是作为追求个体最大化的利益主体存在的，其代表的是最广大人民的利益。既然中国共产党为最广大人民的利益而奋斗，遵循的就是集体（整体）主义价值观，对应的就是集体意义下的产权基础主导的所有制结构。即使有了集体主义价值观和集体意义下的产权基础，如果没有一个为人民服务和为人民利益忘我奋斗的党，也是没有用的。这也正是将中国共产党的领导作为中国特色社会主义制度首要优势的根本原因所在。

（4）中国共产党作为领导者在反贫困战役中无可替代的作用，是中国特色社会主义政治文化竞争力的一个最佳体现。中国特色社会主义的经济文化除了经济本身所具有的如遵循市场规律和经济伦理等普适价值诉求，其所坚守的集体意义下的产权基础给了中国政府和作为执政党的中国共产党实施反贫困战略坚实的产权保障。多组织、多群体从不同层面和不同角度对中国反贫困战略和反贫困实践的关注和研究，汇集成全社会共同反贫困的巨大合力，形成了强大的中国特色社会主义反贫困的文化竞争力的神经网络部分。中国传统文化中勤俭节约重视劳动的风尚，塑造了中国人不怕苦不怕累的恒久精神，只要有合适的制度设计和从事经济活动的初始条件，贫困人员就有机会和潜力改变贫穷落后的面貌。这种人的因素在反贫困中所起的重要作用，也是中国特色社会主义反贫困战略和反贫困实践中文化竞争力的一个典型体现。

（5）乡村振兴战略的实现需要社会各方面资源的整合、创新和持之以恒地攻坚克难，需要进行不断的制度完善和改革深化，才能充分释放中国特色社会主义的文化竞争力优势。可以从四个方面对其进行比较深入的探讨：集体意义下的产权基础优势需要改革深化以进一步培育和增强互利合作的文化竞争力；推进乡村治理体系和治理能力现代化是充分释放乡村振兴战略中文化竞争力的组织保证；新型职业农民的培育和"一懂二爱"的"三农"工作队伍的构成是乡村振兴战略中文化竞争力的主体工程；基层政府的合作治理选择及改革取向是乡村振兴中践行社会主义核心价值观的基层组织保障。

（6）从文化的视角看，区域发展战略的出台、实施和取得重大成功充分体现了中国特色社会主义处于文化圈层核心部分的政治文化和经济文化的强大竞争力。这种竞争力不仅体现在作为执政党的中国共产党能够集思广益、洞察社会经济发展规律、驾驭复杂多变的国际环境和抓住和平发展的历史机遇，出台一系列紧密衔接、科学有序和可持续的区域发展规划，而且能够通过高效强大的执行能力按时推进和完成这些规划。区域协调发展是跨区域、跨省域甚至不同国家之间的资源整合、政策协调、统筹发展、利益补偿、互助合作和发展保障等的整体性发展，高效、科学和富有弹性的制度设计不仅关系到区域发展规划能否实现，而且还体现着中国特色社会主义文化的强大生命力。

（7）"一带一路"倡议由中国发起和推动，是历史的选择，也是历史的必然。它所凸显的是中国特色社会主义的政治和经济文化优势。中国独特高效的政治决策机制和中国共产党作为长期稳定的执政团队，不仅在国家治理中能够连续出台、实施和完成如"五年计划"这样中长期的关系整体社会经济发展的规划，取得了举世瞩目的伟大成就，而且在对外交往中也能够一如既往地秉持"和平发展、独立自主"的外交原则，国家不论大小强弱，都一律平等对待。这既是中华文化几千年来的传统，也更是中国特色社会主义的本质特性所决定的。正是拥有这种能够擘画长期宏观和高瞻远瞩的规划的制度能力和团队智慧，加上睦邻友好平等合作的外交原则，才使得"一带一路"倡议能够克服诸多困难拓展前行，并且已经取得了良好的成绩，得到了沿线国家和人民的认同和支持。

（8）当所有个体都认同个体主义价值观时，基于其上的极端自利无论是呈现于经济垄断还是政治垄断，在普遍个体的意义上就有可能不会被批判和反抗，尤其是当个体主义所产生的内部张力被引向外部后，个体主义甚至还会被认为是一种极具竞争优势的价值观体系。在个体意义下的产权基础主导经济和个体主义价值观主导意识形态的社会政治经济体制中，资本主导政治是必然的。个体主义实现自利和极端自利的经济法则延伸至政治场域的一个可怕后果是政治的产业化，政治不再是集体（整体）利益的守护者，而变成了能够给特定个体带来垄断租金的准产业。

（9）出于英国自身利益的算计，英国保守党主导和上演了这场"漫长"的脱欧大戏，归根结底还是个体主义价值观作祟。在个体主义主导的政治场域中，反对并非为了公众利益，而是为了个体或特定团体的自利算计。当不同的个体或政党、团体利益处于无法调和的状态时，非合作就成了极端自利必然的结果。不管脱欧到底对英国的整体利益有没有助益，这种"创纪录"的格外"醒目"的漫长"撕扯"过程，至少充分暴露了个体主义主导的政治在所谓权力制衡的制度设计中的低效和无力，也反映了这种制度无法克服的内在缺陷。

（10）对基于民族、国家和规则的集体（整体）利益从教育、媒体和人文社科领域的全面淡化和结构性处理，就会形成一种殖民文化、个体主义文化、移民文化和传统地域文化等杂糅一起的文化乱象，对于极端自利者而言，这种乱象正是其人性之恶肆意释放的土壤。

（11）个体主义的发展逻辑不可能实现世界范围的普惠性发展，因为它必然导向世界或者一个国家之内的两极分化结果。"美国优先"就是个体主义极端自利发展到最后在国家层面的一个典型呈现。其本质和诉求是："只有美国可以，其他国家不可以。"这种国家层面的极端自利，既是个体主义价值观逻辑发展的必然结果，也是个体主义主导和控制意识形态所长期形成的社会"共犯"结构认同和支持的结果。当极端自利突破国家界限后，所谓"自由竞争"不再是获取他国经济利益的主要手段，类似于王权的先由政治再向经济的方式反而成了主要手段。"美国优先"除了用战争、"颜色革命"等直接和悍然的方式干预和推翻对方国家的政治主权和合法政府，在国际事务中还表现为无视契约原则、大肆"长臂管辖"和利用西方世界控制的话语权大肆造谣、污蔑和抹黑对方国家和政府形象。总体上，"特朗普现象"的标志性意义主要体现在几个方面：其一是特朗普将其在商业领域使用的原则、策略和手段不打折扣地运用在政治尤其是国际政治之中；其二是特朗普将其家族成员和亲朋故交大幅度引入美国政府的治理团队，彰显了所谓选举民主"一人得道，鸡犬升天"的虚伪；其三是特朗普政府在政策尤其在外交领域的反复无常、霸凌恫吓、信口雌黄和不断"退群"行为，将一个唯利是图、毫无诚信可言的最发达资本主义国家的政治经济文化本色充分地展现在了世人面前；其四是"特朗普现象"说明，像美国这样的发达资本主义国家或者说"选举民主"体制已经发展到一个控制和主导经济和政治的精英阶层和社会普通大众在价值观上形成"共犯结构"的阶段；其五是"特朗普现象"说明，在美国或其他资本主义体制的国家和地区，大资本所有者可以任意地在经济和政治之间切换身份。

第七章　结　论

第一节　对本书研究结论的概述

一、关于文化与产权基础

我们认为，文化是一个社会范畴，是个体与个体、个体与群体、群体与群体之间交流互动所形成的被普遍认可或遵守的正式或非正式规范。文化的共性和差异性导源于人的共性和异质性。文化的复杂和多元，使得文化圈层的核心—外围假说有了较强的说服力，尤其是处于核心圈层的政治文化和经济文化，其主导性在一个资源稀缺和面临选择的系统中是很难动摇的。产权是对特定"物"的包括其所有权归属在内的权利界定，所有权是产权权利束的核心。我们将产权的动态关系定义为产权基础。当所有权为个体所有时，可谓之个体意义下的产权基础；当所有权为集体所有时，可谓之集体意义下的产权基础。除了二者在所有权上的本质区别，在一个充分健全的市场经济体系中，二者相应的其他产权权利束则没有根本的区别。作为上层建筑组成部分的文化和经济基础核心要件的产权基础，其相互关系同样遵循马克思主义关于经济基础与上层建筑作用与反作用关系的理论阐释。文化与产权基础的交集在"人"，文化产生于人际交流互动并激励或规范着人际交流互动，而产权基础则决定了人际交流互动的条件、形式、内容和目的等。没有产权基础，就很难有人际之间正常的交流互动，也就不会有文化的产生。由于不同所有权主体下的产权基础对自利和互利、个体利益和公共利益等的诉求不同，因此其行动（政治的或经济的）也就具有很大的差异性，并进而对文化的产生、干预和主导方向也存在着显著的不同。在实践中，个体意义下的产权基础和集体意义下的产权基础都有着各自的文化体系，其差异性首先体现在处于文化圈层核心的经济文化和政治文化上，其次才是向文化圈层外围的延伸和拓展，最后形成一整套有利于自身的复杂却又主次分工明确的文化体系。

二、关于文化竞争力的本质

文化竞争力的本质在于其与利他和互利的接近程度，在文化圈层的核心—外围假说中，核心部分的政治文化和经济文化处于主导地位，其竞争力对中间部分的神经网络——意识形态文化和外围部分的文化产业、文化产品和服务等的竞争力起着十分重要的积极和消极影响。个体意义下的产权基础和集体意义下的产权基础对应着截然不同的文化竞争力，前者奉行个体主义和人性自利（极端自利）的哲学观和利益观，后者推崇集体主义（整体主义）和人性利他和互利的哲学观和利益观。中国特色社会主义文化竞争力的利他和互利本质所体现的就是社会主义核心价值观的内在要求。中国梦的实现是社会主义核心价值观借由中国特色社会主义文化竞争力达成的必然结果，是文化竞争力的具体呈现和逻辑必然。除了坚守道路自信、理论自信、制度自信、文化自信，还必须重视和实施对中国特色社会主义文化竞争力主体——"人"的基于社会主义核心价值观之上的"人格养成"和能力重塑。

三、关于产权基础重构与文化竞争力培育

在城镇化、产业升级与土地资本化过程中，既得利益群体的形成和管理体制的锁定等导致了严重的两极分化问题，基于不同利益主体的意识形态和文化正在不断地发展和蔓延，以社会主义核心价值观为核心的中国特色社会主义文化及其竞争力遭遇了前所未有的挑战。要从根本上改变和扭转这一趋势和现状，需要从解决其发生的产权改革、财富分配和机制体制等基础层面的深层次问题出发，始终将社会主义核心价值观贯穿于改革开放的每一个环节。具体来说，亟须从几个方面重视和加大改革力度：（1）要进一步建立清晰的土地产权和改革行政管理体制，限制政府对市场的过度干预，赋予民众土地财产权；鼓励和大力发展实体经济；加大对农业的投资，出台严格的有法律效力的土地规划和城市规划；改革收入分配制度，让经济增长的成果惠及所有民众；改变出口导向的产业发展模式，加强国内不同区域之间的合作和加大高质量产品的进口；逐步缩小城乡和工农差距；通过一系列完善的配套政策进行政府引导，让各类不同的市场主体通过

平等合理的市场竞争走上可持续发展的道路等。（2）所有权与效率并没有直接的关系，重要的是企业的治理结构和政府管理体制的改革。要加强和落实全国人大对国有资产负有的监管权，国有企业必须走符合市场主体的道路，做到真正的政企分开。（3）经济改革不仅包括产权改革，也包括管理体制改革。行政管理体制改革的反反复复以及各种形式财政供养人口的不断膨胀，究其原因还在于政府掌握了如土地等的大量资源，而这种基于资源配置的权力使得政府自身有意无意地陷入了"与民争利"的旋涡和悖论之中，政府更多地变成了一个经营者而不是其本质意义上的服务者。这些异化的产生不可能通过既得利益的"自律"得到纠正，只能通过行政管理体制和政治体制改革的顶层设计"铲除"其滋生的土壤。

四、关于公有制主体与中国特色社会主义文化竞争力

在中国传统的家庭和家道观念中，以家庭为单元的整体发展已经蕴藏了公有和整体主义的种子。当这种社会最基本单元的家庭或家族发展模式延伸至"国"与"天下"时，"天下为公"和整体主义就升华成了中国文化的内核。这也正是马克思主义能够在中国扎根并繁荣昌盛的文化密码。个体意义下的产权基础是个体自利在合理范畴下的一种物质保证，在激发和释放个体主动性、积极性和创造性上与中国特色社会主义文化竞争力是一致的。但当个体自利走向极端自利，个体意义下的产权基础寻求或开始主导产权结构时，就走向中国特色社会主义文化竞争力的反面。这种经济发展的逻辑径向，提示我们必须坚守公有制主体的重要性。在社会经济实践中，土地尤其是农村土地的产权安排和国有企业产权改革是坚守公有制主体的重点领域。土地产权安排和国企改革都涉及大量资源的重新分配，难以避免地会出现

或多或少的寻租和权力腐败问题，但必须正视和消除这些阻碍因素。从中国特色社会主义文化的视角，产权改革的过程应该也是一个体现社会主义核心价值观的过程。坚守公有制主体与社会主义人格的养成紧密相关。执政党队伍、公务员队伍、各类企业经营者和其他各行各业的社会主义建设者是社会主义核心价值观的践行者，也是社会主义人格养成的主要对象。

在城乡一体化中，文化产业作为文化圈层的外围部分，无论是集体意义下的产权基础还是个体意义下的产权基础，都需要充分体现社会主义核心价值观要求，展现中国特色社会主义文化竞争力。文化创新则涉及文化圈层的核心、中间和外围等所有部分，其中核心部分政治和经济层面的文化创新尤为重要，对中间部分的神经网络和外围部分的文化产业创新起着引导和统领作用。尽管公有制主体、多种所有制形式共同发展是中国特色社会主义文化保持可持续竞争力的产权基础条件，但其实现还需要通过不断的制度创新和管理创新。制度体系是产权基础与中国特色社会主义文化竞争力的桥梁，只有借由制度和管理创新实现制度体系与社会主义核心价值观的一体化，才能够充分展现中国特色社会主义文化的强大竞争力。

五、关于产权结构与文化竞争力异质性的现实考察

当个体意义下的产权基础超越一定的规模和范围，个体自利就可能走向极端自利。个体主义内在的逻辑矛盾很难甚或不可能产生一种被普遍接受的互利结果。在现实世界中，各种各样的霸权主义本质上就是个体主义价值观和完全个体意义下的产权基础上升到国家和整体层面后的一种必然表现。在个体意义下的产权基础主导经济和个体主义价值观主导意识形态的社会政治经济体制中，资本主导政治是必然

的。个体主义实现自利和极端自利的经济法则延伸至政治场域的一个可怕后果是政治的产业化。要使政治不被个体自利主导，就需要基于整体主义价值观的集体意义下的产权基础对个体意义下的产权基础进行引导和调节并进而防止个体自利走向极端自利，从意识形态的角度讲，就是需要防范个体主义价值观成为主流价值观。要使集体主义价值观成为主流或主导价值观，就必须使集体意义下的产权基础成为整体经济所有制结构的主体。中国特色社会主义在产权基础结构上是坚守公有制主体的，中国共产党作为执政党不是作为追求个体最大化的利益主体存在的，其代表的是最广大人民的利益。既然中国共产党为最广大人民的利益而奋斗，遵循的就是集体（整体）主义价值观，对应的就是集体意义下的产权基础主导的所有制结构。

从反贫困战略、乡村振兴战略、区域发展战略和"一带一路"倡议的案例考察中，我们能够清楚地看到中国特色社会主义文化竞争力的优势。中国共产党作为领导者在反贫困战役中无可替代的作用，是中国特色社会主义政治文化竞争力的一个最佳体现。中国特色社会主义的经济文化除了经济本身所具有的如遵循市场规律和经济伦理等普适价值诉求，其所坚守的集体意义下的产权基础给了中国政府和作为执政党的中国共产党实施反贫困战略坚实的产权保障。中国传统文化中勤俭节约重视劳动的风尚，塑造了中国人不怕苦不怕累的恒久精神，这种人的因素在反贫困中所起的重要作用，也是中国特色社会主义反贫困战略和反贫困实践中文化竞争力的一个典型体现；乡村振兴战略的实现需要社会各方面资源的整合、创新和持之以恒地攻坚克难，需要进行不断的制度完善和改革深化，才能充分释放中国特色社会主义的文化竞争力优势；区域发展战略的出台、实施和取得重大成功充分体现了中国特色社会主义处于文化圈层核心部分的政治文化和经济文化的强大竞争力。这种竞争力不仅体现在作为执政党的中国共产党能够集思广益、洞察社会经济发展规律、驾驭复杂多变的国际环境和抓住和平发展的历史机遇，出台一系列紧密衔接、科学有序和可持续的区域发展战略，而且能够通过高效强大的执行能力按时推进和完成这些战略；"一带一路"倡议由中国发起和推动，是历史的选择，也是历史的必然。它所凸显的是中国特色社会主义的政治和经济文化优势。中国独特高效的政治决策机制和中国共产党作为长期稳定的执政团队，不仅在国家治理中能够连续出台、实施和完成如"五年计划"这样中长期的关系整体社会经济发展的规划，取得了举世瞩目的伟大成就，而且在对外交往中也能够一如既往地秉持"和平发展、独立自主"的外交原则，国家不论大小强弱，都一律平等对待。这既是中华文化几千年来的传统，更是中国特色社会主义的本质特性所决定的。

从英国"脱欧"困局和"美国优先"等案例的考察中，我们能够看到，奉行个体主义价值观、个体意义下的产权基础完全主导经济和权力制衡、多党轮流执政的"民主选举"制的国家和地区，其文化竞争力的不可持续性。在个体主义主导的政治场域中，反对并非为了公众利益，而是为了个体或特定团体的自利算计。出于英国自身利益的算计，英国保守党主导和上演了这场"漫长"的脱欧大戏，不管脱欧到底对英国的整体利益有没有助益，这种"创纪录"的格外"醒目"的漫长"撕扯"过程，至少充分暴露了个体主义主导的政治在所谓权力制衡的制度设计中的低效和无力，也反映了这种制度无法克服的内在缺陷；"美国优先"是个体主义极端自利发展到最后在国家层面的一个典型呈现。这种国家层面的极端自利，既是个体主义价值观逻辑发展的必然结果，也是个体主义主导和控制意识形态所长期形成的社会"共犯"结构认同和支持的结果。"美国优先"除了用战争、"颜色革命"等直接和悍然的方式干预和推翻对方国家的政治主权和合法政府，在国际事务中还表现为无视契约原则、大肆"长臂管辖"，以及利用西方世界控制的话语权大肆造谣、污蔑和抹黑对方国家和政府形象。此外，"特朗普现象"的标志性意义主要体现在几个方面：一是特朗普将其在商业领域使用的原则、策略和手段运用在政治尤其是国际政治之中；二是特朗普将其家族成员和亲朋故交大幅度引入美国政府的治理团队，彰显了所谓选举民主的虚伪；三是特朗普政府在政策尤其在外交领域的反复无常、霸凌恫吓、信口雌黄和不断"退群"行为，将一个唯利是图、毫无诚信可言的最发达资本主义国家的政治经济文化本色充分地展现在了世人面前；四是"特朗普现象"说明，像美国这样的发达资本主义国家或者说"选举民主"体制已经发展到一个控制和主导经济和政治的精英阶层和社会普通大众在价值观上形成"共犯结构"的阶段；五是"特朗普现象"说明，在美国或其他资本主义体制的国家和地区，大资本所有者可以任意地在经济和政治之间切换身份，并且这种比例呈现明显的增长迹象。

第二节　存在的不足和研究展望

本书对文化与产权基础关系的研究是一个相对缺乏直接文献参考的领域，没有已有的成熟理论作为研究的基点和依据。尽管马克思主义经济基础与上层建筑关系的经典论述能够涵盖我们所要研究的问题，但也仅仅是给了一个相对宽泛的框定。因此，本书从个体意义下的产权基础、个体主义价值观、个体自利和极端自利以及集体意义下的产权基础、集体主义价值观、集体（整体）利益和互利合作这两组相对立的概念出发，对中国特色社会主义文化竞争力进行了比较深入的研究，论证了其相对于资本主义国家奉行的个体主义文化的优越性。其中对文化、产权基础和文化竞争力的界定都是我们自己深入思考的结果。在这些基础上，尽管我们完成了这一富有挑战性的研究，但对这些概念重新界定的合理性和准确性还需要更多的思考论证。本书的研究过多地使用了抽象思维方法，尽管与所研究的问题本身有关，但也是一个需要改进的问题。与此紧密相关的，就是虽然我们进行了案例考察比较，但其结果显然还是建立在对事实的归纳和演绎基础上的。这就意味着我们没有很好地实现通过大样本的实证数据检验文化和产权基础关系的设计初衷。的确，如何基于统计数据的规律性描述探寻文化与产权基础之间的关系仍然是一个巨大的挑战。

文化与产权基础的关系以及由此引申的中国特色社会主义文化竞争力的研究绝不是轻易就能够完成的，因为文化本身就是一个十分丰富和宽泛的概念，产权基础变化如何影响文化既是一个理论问题，也是一个实证问题。因此，在接下来的研究思考中，十分有必要从这两个方面对其进行更深入细致的研究。理论层面，需要更进一步厘清各相关范畴之间的关系，这一研究的成效显然取决于对文化和产权基础概念本身的再思考；然后是将文化与产权基础的关系通过历史纵横向的比较，使其在时间维度上有更多的论据和说服力；在不同的文化系统中，文化与产权基础的关系所呈现的异同和变迁方向也是一个值得进一步探寻的有趣问题；只有在不断地扩大和深入挖掘过程中，我们才能够更扎实地论证中国特色社会主义文化的优越性。实证层面，除了类似本书已经使用过的第二手实践案例和基于已经发生的事实描述，在接下来的研究中需要在一个确定的逻辑框架下通过问卷的形式搜集关于文化与产权基础关系的第一手资料。尽管这是一个十分敏感和很难操作的任务，但显然具有重要的意义。

参考文献

[1] ARTHUR M SCHLESINGER. The disuniting of america: reflectionson a multicultural society [M]. New York: W W Norton & Co, Inc, 1996.

[2] ALEXANDER WENDT. Social theory of international politics [M]. Cambridge: Cambridge University Press, 1999.

[3] ADAM KUPER. Culture: the anthropologists' account [M]. Cambridge: Harvard University Press, 2000.

[4] CHAO, KANG. Man and land in Chinese history: an economic analysis [M]. California: Stanford, 1986.

[5] CHOI, SONGSU. China urbanization conference [R]. World Bank, 2000.

［6］D. C. NORTH. Understanding the process of economic change
　　［M］. Princeton: Princeton University Press.

［7］FRANCIS FUKUYAMA. The great disruption :human nature and
　　the reconstitution of social order［M］. New York:The Free Press,
　　1999.

［8］GAVIN KENDALL, GARY WICKHAM. Understanding culture
　　［M］. Sage Pulications Ltd, 2001.

［9］HERBERT MARCUSE. Reason and revolution［M］.
　　Boston:Beacon Press Paperback, 1960.

［10］JOHN PORTER. The measure of canadian society［M］.
　　Ottawa:Carleton University Press, 1987.

［11］JOHN RAWLS. Political liberalism［M］. New York:
　　Columbia University Press, 1993.

［12］EASTON L and K. GUDDAT. Writing of the young Marx on
　　philosophy and society［M］. New York: Doubleday, 1967.

［13］CHUN L. The british new left［M］. Edinburgh :Edinburgh
　　University Press, 1993.

［14］SIMPSON S R. Land law and registration［M］. Cambridge:
　　Cambridge University Press, 1976.

［15］TURNER M. L.Brandt and S.Rozelle. Local government behavior
　　and property right formation in rural China（Working Paper）［J］.
　　Department of Economics, University of Toronto,2000.

［16］埃德蒙德·胡塞尔.哲学史教程：下卷［M］.北京：商务印书
　　馆，1993.

［17］埃里克·方纳.美国自由的故事［M］.北京：商务印书馆，

2002.

［18］爱德华·泰勒.原始文化［M］.桂林：广西师范大学出版社，
2005.

［19］邴正.中国学术话语体系的当代建构［J］.中国社会科学，2011
（2）：13-20.

［20］蔡江浓.原始文化［M］.杭州：浙江人民出版社，1988.

［21］程恩富.文化经济学［M］.北京：中国经济出版社，1993.

［22］陈奎元.信仰马克思主义，做坚定的马克思主义者［J］.马克思
主义研究，2011（4）：5-10.

［23］曹瑞涛.在制度与文化间徘徊的"多元社会"——罗尔斯与亨廷
顿应对"多元社会"方案之比照探析［J］.宁夏大学学报（人文
社会科学版），2012（5）：60-64.

［24］程恩富，冯颜利.以社会主义核心价值体系引领我国文化大发展
大繁荣［J］.学习论坛，2012（8）：5-7.

［25］陈德洪，巫大军.论当代艺术社会学的研究范式［J］.民族艺术
研究，2013（5）：92-96.

［26］程恩富.加快完善社会主义市场经济体制的"四个关键词"［J］.
经济研究，2013（2）：12-14.

［27］邓小平.邓小平文选：第二、三卷［M］.北京：人民出版社，
1993.

［28］杜鹰.走出乡村［M］.北京：经济科学出版社，1997.

［29］道格拉斯·C.诺思.经济史中的结构与变迁［M］.上海：上海
三联书店，1999.

［30］杜润生.中国农村改革决策记事［M］.北京：中央文献出版社，
1999.

[31]邓大才.家庭承包土地的价值分析及确认[J].中共济南市委党校学报，2001（1）：89-92.

[32]戴维·思罗斯比.经济学与文化[M].北京：中国人民大学出版社，2011.

[33]杜绍祥，段超.中国共产党与中国现代化建设[M].武汉：湖北人民出版社，2011.

[34]杜维明.中国传统文化的当代价值[J].江海学刊，2011（3）：5-7.

[35]弗兰西斯·福山.大分裂：人类本性与社会秩序的重建[M].北京：中国社会科学出版社，2002.

[36]弗雷德里克·卡尔.中国农村改革的新视野[J].国外理论动态，2006（12）：44-48.

[37]公丕祥，李义生.商品经济与政治文化观念[J].政治学研究，1987（1）：11-16.

[38]郭德宏.中国马克思主义发展史[M].北京：中共中央党校出版社，2001.

[39]胡适.我们对于西洋近代文明的态度[M].// 胡适.胡适文存（三集卷一）.上海：亚东图书馆，1930.

[40]黑格尔.历史哲学[M].北京：生活·读书·新知三联书店，1956.

[41]黑格尔.逻辑学：上卷[M].北京：商务印书馆，1966.

[42]胡寄窗.西方经济学说史[M].上海：上海立信会计出版社，1991.

[43]洪名勇.论马克思的土地产权理论[J].经济学家，1998（1）：29-34.

［44］霍尔．文化研究：两种范式［M］．北京：中国社会科学出版社，
　　　2000.

［45］洪银兴．以人为本的发展观及其理论和实践意义［J］．经济理论
　　　与经济管理，2007（5）：5-10.

［46］霍桂桓．从产权到伦理——跨文化视角下的当代中国伦理问题
　　　［J］．学术月刊，2008（2）：61-66.

［47］霍桂桓．论作为文化软实力之载体的符号［J］．哲学研究，2010
　　　（6）：115-121.

［48］黄枬森．中西哲学与马克思主义哲学的性质［J］．江海学刊，
　　　2011（3）：7-10.

［49］赫尔南多·德·索托．资本的秘密［M］．北京：华夏出版社，
　　　2012.

［50］洪晓楠，蔡后奇．文化强国五力互动论纲［J］．江海学刊，2019
　　　（3）：5-12.

［51］詹姆斯·M.布坎南．自由、市场和国家［M］．北京：北京经济
　　　学院出版社，1998.

［52］詹姆斯·A.道，等．发展经济学的革命［M］．上海：上海三联
　　　书店，2000.

［53］靳相木．中国乡村地权变迁的法经济学研究［M］．北京：中国
　　　社会科学出版社，2005.

［54］江泽民．江泽民文选：第3卷［M］．北京：人民出版社，2006.

［55］加里·韦伯斯特．文化历史考古学述评［J］．南方文物，2012
　　　（2）：53-61.

［56］康芒斯．制度经济学［M］．北京：商务印书馆，1997.

［57］柯武刚．制度经济学［M］．北京：商务印书馆，2000.

［58］科斯，阿尔钦，诺斯．财产权利与制度变迁［M］．上海：上海三联书店，1991.

［59］刘守英．中国农地制度的合约结构与产权残缺［J］．中国农村经济，1993（2）：31-36.

［60］莱斯利·A.怀特．文化科学——人和文明的研究［M］．杭州：浙江人民出版社，1998.

［61］林毅夫．再论制度、技术与中国农业［M］．北京：北京大学出版社，2000.

［62］罗尔斯．政治自由主义［M］．南京：译林出版社，2000.

［63］梁漱溟．中国文化要义［M］．上海：上海人民出版社，2005.

［64］刘守英．集体土地资本化与农村城市化——北京市郑各庄村调查［J］．北京大学学报（哲学社会科学版），2008（6）：123-132.

［65］李河．谈谈软实力概念［J］．西安交通大学学报（社会科学版），2009（3）：5-6.

［66］刘国光．"两个毫不动摇"的当前价值——公有制是社会主义初级阶段基本经济制度的基石［J］．人民论坛，2012（15）：47-49.

［67］李林洪，杨兰．文化，还是结构？——文化马克思主义中的两种范式比较研究［J］．长春市委党校学报，2012（1）：25-30.

［68］李群山．论文化哲学视界中的"文化"范畴——兼议文化哲学的基本旨趣与定位［J］．前沿，2013（7）：48-49.

［69］刘海藩．加强党对文化建设的领导［J］．领导科学论坛，2013（2）：4-5.

［70］马克思．马克思恩格斯全集［M］．北京：人民出版社，1972.

［71］马克思．资本论：第一、二、三卷［M］．北京：人民出版社，

1975.

［72］名和太郎.经济与文化［M］.北京：中国经济出版社，1987.

［73］马林诺夫斯基.文化论［M］.北京：中国民间文艺出版社，
1987.

［74］马尔科姆·吉利斯.发展经济学［M］.北京：经济科学出版社，
1989.

［75］毛泽东.毛泽东选集：第二、三卷［M］.北京：人民出版社，
1991.

［76］马克思·韦伯.经济与社会：上册［M］.北京：商务印书馆，
1997.

［77］缪尔达尔.亚洲的戏剧［M］.// 海因茨·阿恩特.经济发展思
想史.北京：商务印书馆，1999.

［78］米勒，波格丹诺，邓正来.布莱克维尔政治学百科全书［M］.
北京：中国政法大学出版社，2002.

［79］麦克莱伦.历史与现在：马克思和马克思主义［J］.世界哲
学，2005（1）：3-15.

［80］欧曼，等.战后发展理论［M］.北京：中国发展出版社，2000.

［81］欧阳谦.马克思主义的"守夜人"［J］.教学与研究，2005（1）：
6-12.

［82］普列汉诺夫.论艺术——没有地址的信［M］.北京：生活·读
书·新知三联书店，1964.

［83］逄锦聚.以党的十八大精神为指导 加强马克思主义理论学科建
设［J］.马克思主义研究，2013（1）：20-25.

［84］秦亚青.世界政治的文化理论——文化结构、文化单位与文化力
［J］.世界经济与政治，2003（4）：4-9.

［85］仇朝兵.一个被撕裂的美国社会［J］.美国研究，2006（3）：124-134.

［86］R.科斯，A.阿尔钦，D.诺斯.财产权利与制度变迁［M］.上海：上海人民出版社，1994。

［87］让-保罗·萨特.辩证理性批判：上卷［M］.合肥：安徽文艺出版社，1998.

［88］汝信.两种道路两种前景［J］.红旗文稿，2013（1）：4-7.

［89］森德鲁姆.发展经济学：分析和政策的框架［M］.∥海因茨·阿恩特.经济发展思想史.北京：商务印书馆，1999.

［90］宋建林.现代艺术社会学导论［M］.北京：知识出版社，2003.

［91］塞缪尔·亨廷顿.我们是谁？——美国国家特性面临的挑战［M］.北京：新华出版社，2005.

［92］塞缪尔·亨廷顿.失衡的承诺［M］.北京：东方出版社，2005.

［93］塞缪尔·亨廷顿.文化的作用［M］.∥塞缪尔·亨廷顿，劳伦斯·哈里森.文化的重要作用：价值观如何影响人类进步.北京：新华出版社，2010.

［94］文贯中.中国当代土地制度论文集［M］.长沙：湖南科学技术出版社，1994.

［95］王小映.土地制度变迁与土地承包权物权化［J］.中国农村经济，2000（1）：43-49.

［96］温铁军.中国农村基本经济制度研究［M］.北京：中国经济出版社，2000。

［97］温铁军.形成稳固的受惠群体——关于农地制度创新的思考［J］.中国土地，2001（7）：12-14.

［98］文贯中.中国农地的社区所有，纯农户的收入困境和农村的逆向

淘汰趋势 [N]. 世纪经济报道 2004-08-17.

[99]沃特森. 多元文化主义［M］. 长春：吉林人民出版社，2005.

[100]卫兴华. 为什么说公有制是共产党执政的基础［J］. 红旗文稿，
　　　2012（15）：17-18.

[101]西蒙·克拉克. 阿尔都塞马克思主义［M］// 西蒙·克拉克. 单
　　　维的马克思主义：阿尔都塞和文化政治学. 伦敦：艾利森和巴
　　　斯比出版社，1980.

[102]西奥多·W. 舒尔茨. 改造传统农业［M］. 北京：商务印书馆，
　　　1987.

[103]西奥多·W. 舒尔茨. 论农业中的经济学与经济学的冲突［M］
　　　// 杰拉尔德·M. 迈耶. 发展经济学的先驱理论. 昆明：云南人
　　　民出版社，1995.

[104]徐剑. 20 世纪中国艺术社会学研究综述［J］. 学术论坛. 2002
　　　（4）：89-91.

[105]亚当·斯密. 国民财富的性质和原因的研究：上卷［M］. 北京：
　　　商务印书馆，1974.

[106]伊格尔顿. 马克思主义与文学批评［M］. 北京：人民文学出版
　　　社，1980.

[107]约翰·斯道雷. 文化理论与通俗文化导论［M］. 南京：南京大
　　　学出版社，2001.

[108]伊格纳季耶夫. 柏林传［M］. 南京：译林出版社，2001.

[109]衣俊卿. 文化哲学［M］. 昆明：云南人民出版社，2001.

[110]杨雪冬. 全球化：西方理论前沿［M］. 北京：社会科学文献出
　　　版社，2001.

[111]约翰·汤姆林森. 全球化与文化［M］. 南京：南京大学出版社，

2002.

［112］衣俊卿.文化哲学十五讲［M］.北京：北京大学出版社，2004.

［113］约翰·格雷.自由主义的两张面孔［M］.南京：江苏人民出版社，2005.

［114］姚万禄.论邓小平对中国政治文化现代转型的贡献［J］.社科纵横，2005（8）：31-32.

［115］衣俊卿.现代性焦虑与文化批判［M］.哈尔滨：黑龙江大学出版社，2007.

［116］杨凤城.中国共产党90年的文化观、文化建设方针与文化转型［J］.中国人民大学学报，2011（3）：17-24.

［117］庄锡昌，等.多维视野中的文化理论［M］.杭州：浙江人民出版社，1987.

［118］周其仁.中国农村改革：国家与土地所有权关系的变化——一个经济制度变迁史的回顾［M］//周其仁.产权与制度变迁.北京：社会科学文献出版社，2002.

［119］张立平.对秩序的忧虑——评弗兰西斯·福山的《大分裂：人类本性与社会秩序的重建》［J］.美国研究，2002（2）：142-146.

［120］张岱年，方克立.中国文化概论［M］.北京：北京师范大学出版社，2004.

［121］恩斯特·卡西尔.人论［M］.上海：上海译文出版社，2004.

［122］郑师渠.中国共产党文化思想史研究［M］.北京：中共中央党校出版社，2007.

［123］张怡.汤姆林森全球化与文化思想述评——从马克思、恩格斯的世界文化观点看［J］.江汉论坛，2009（2）：114-116.

［124］张世英.和而不同，开创中西马融合的新境界［J］.江海学刊，
　　　　2011（3）：10-13.

［125］张传民.马克思、恩格斯的文化发展观及其当代价值［J］.江
　　　　西社会科学，2013（3）：18-22.

后 记

　　这本薄薄的册子是我对文化与产权关系问题的一个还不成熟的思考，由于工作和生活环境的变动，从零散的观点到相对系统成书经过了近四年的时间，其中的核心内容已经以小论文的方式公开发表。这是一个庞大而又深刻的命题，显然不是这样一本小册子能探究其万一的。对此，作为一个研究者，我是怀着深深的遗憾的！唯愿能够抛砖引玉，期待更多扎实和有深度、有广度的研究成果出现。我曾经在浙江工商大学工作过 10 年，与这本小书的责任编辑任晓燕老师是朋友，感谢她的认真、包容和理解，在编审出版过程中指出和纠正了书中许多的错误，付出了艰辛的劳动。我也要感谢我的爱人唐俐俐女士，在资料搜集和经费报销等环节给我提供了极大的帮助和支持。另外，这本小册子的出版得到了我现在入职的巢湖学院科研启动经费的支持，希望能够在以后用更多更好的研究成果回报学校对我的关爱。